Christian HARREL-COURTES

MARSEILLE NOSTALGIE

Préface de Thierry Paquot

Éditions L'Harmattan
5-7, rue de l'École-Polytechnique
75005 Paris

Du même auteur

Souvenirs, éd. Saint-Lambert, 1971
Les envoûtements de Venise, éd. Saint-Lambert, 1972
L'instant pur, éd. Saint-Lambert, 1974
La camarade privilégiée, éd. J-C. Lattès, 1981
L'arche du Paradis, éd. Menges, 1984
La matriarche, éd. J-C.Godefroy, 1985
L'armateur, éd. O. Orban, 1986
Les bateaux du bon Dieu, éd. Calmann-Lévy, 1987
Quand les bourgeois étaient rois, éd. France-Empire, 1988
La nymphomane, éd. Denoël, 1990
Fusées, histoire d'une revue littéraire à Marseille en 1942, éd. L'Harmattan, 1993

ISBN : 2-7384-2436-8

Préface

Le rendez-vous des amis

Comment évoquer Marseille sans l'associer à l'amitié ? Et comment écrire sur l'amitié sans se référer aux surréalistes, dont l'esprit hante encore la ville, et au célèbre tableau que Marx Ernst peint en 1922 et qu'il a justement intitulé: "Le rendez-vous des amis"? Christian Harrel-Courtés a rencontré André Breton, à Marseille, en 1942, lorsqu'il animait la revue de poésie, *Fusées*, et dont il a retracé les aventures dans son précédent ouvrage(1). Le Marseille qu'il décrivait alors était celui de la pensée et de l'audace, de l'art et de la fête, de l'esprit et du rêve. Ici, il nous offre le complément sensuel, quotidien, matériel, le portrait d'une ville à travers son climat, sa cuisine, ses odeurs, ses parlers, ses paysages. Car une ville est vivante, capricieuse, changeante, et l'auteur qui le sait trouve les mots pour le dire. Aucune cité ne ressemble à une autre, malgré l'architecture et l'urbanisme bâtards qui tentent d'uniformiser le territoire. Il y a des villes aimables, prêtes aux confidences et aux ruptures, comme il en existe de fermées, muettes, froides, qui éteignent les éclats de rires et rendent honteux l'accent du pays ! Chaque ville est singulière, même celle qui n'a pas de singularité lisible au premier coup d'oeil. Chaque ville exige du temps pour être courtisée et appréciée. Pour révéler ses secrets.

Marseille n'échappe pas à cette règle. Sa physionomie, son relief, son site qui se déplie sur la mer et s'élève sur les monts environnants, exprime la volubilité des Marseillais et l'oralité de sa culture. Cette ville est bavarde, mais comme par pudeur, pour détourner l'intérêt de son interlocuteur, pour l'orienter sur un autre horizon. Ici, les bruits de la ville résonnent comme des sentences. Attention aux rumeurs ! Ici, les affaires se règlent en famille. Attention aux alliances ! Ici, la fierté de l'habitant se combine avec la gloire de sa ville. Attention à ne pas le vexer ! Le foot, l'apéro, la rue, le port, la cuisine, etc., démontrent la solidarité de ce puzzle urbain.

Marseille est un tout. A prendre ou à laisser! C'est du reste, cette entité compacte et variée, que le visiteur perçoit en premier. Impossible de trier et de s'exclamer: "je prends ceci et rejette cela!".

En errant dans la ville, de la porte d'Aix au Vieux Port, de la Vieille Charité à l'Opéra, du Prado au littoral, des îles du Frioul au panorama de Notre-Dame-de-la-Garde, la diversité des constructions, des couleurs, des ambiances chantent l'unité de la métropole. Les nostalgiques ajouteront, avec regret, "de moins en moins". Ils n'ont pas tort. La ville et ses banlieues, les transformations économiques, la concurrence d'autres villes, etc., jouent - dans le sens où le bois usé joue - sur la ville et modifie l'agencement et la perception de ses espaces.

Néanmoins le jugement de Madame de Sévigné, dans une lettre à Madame de Grignan en 1673, est encore recevable: "je suis charmée de la beauté singulière de cette ville. Hier le temps fut divin, et l'endroit d'où je découvris la mer, les bastides, les montagnes et la ville, est une chose étonnante..." Une telle beauté tient certainement à l'austérité des lieux, à leur aspect inhospitalier qu'analyse Lucien Febvre (2) : par quelle folie les hommes ont implanté là une ville et un port ? Ce défi lancé par une nature accidentée est magnifiquement relevé par des hommes et des femmes entreprenants. C'est aussi ce qui me plaît dans cette ville, cette démarche irraisonnée.

Mon plus ancien souvenir de Marseille date de mon enfance. Nous revenions de Menton, où un cousin venait de se marier, et nous nous sommes arrêtés chez une tante, habitant une cité-HLM. Mon père - l'honnêteté personnifiée - laissa tous les bagages dans notre automobile - une frégate - pensant qu'ils ne craignaient rien. Erreur! Le lendemain matin, la voiture avait été entièrement dépouillée de ses richesses. Le commissaire de police expliqua que cela était fréquent, la norme en quelque sorte... J'y perdis un costume (veste et culotte-courte) pied-de-poule qui me faisait honte. J'en fus presque satisfait. Depuis cette mésaventure, dans la famille, Marseille est obligatoirement et invariablement présentée comme le Chicago méditerranéen : un repère de truands. C'est comme cela que la réputation, bonne ou mauvaise, se construit ! Heureusement de nouveaux séjours en bonne compagnie ont corrigé une telle image et je ne sais pas si Marseille connaît plus de vols qu'ailleurs, si la délinquance y est plus présente. Peu importe, du reste, car le Marseille qui me fait plaisir est celui de mes amitiés. Amitiés vivantes d'aujourd'hui et amitiés imaginaires ou livresques d'hier.

Pour moi, cette ville est le lieu de rendez-vous de ceux que j'eusse aimé avoir comme amis. J'imagine assez facilement le jeune Charles Fourier déambuler près du port, observer les divers mouvements qui l'animent, se scandaliser des méfaits de la spéculation grandement "couverte" par le pouvoir révolutionnaire - nous sommes sous le Directoire -, s'enthousiasmer pour sa découverte de la clef des "destinées et des passions humaines". On sait peu de chose sur son séjour de deux ans (1797-1799) à Marseille, on connaît ses activités commerciales et une de ses adresses - hôtel des Turcs, place de la Liberté - mais on ignore tout sur ses relations, ses lectures et ses loisirs. Une telle méconnaissance ouvre la porte à toutes les élucubrations et pourquoi ne pas penser que notre homme se comporte comme un badaud ? Dans une lettre à un ami, il relate les préparatifs de l'expédition d'Egypte : "J'ai vu à Marseille tous ces savants d'Egypte considérés comme une ménagerie de bêtes de fauves (...) Je les ai vus entrer dans le café Casati sur la place Necker. Le public se juchait autour d'eux sur des escabeaux pour les voir prendre leur café; et au sortir de là, chacun de s'écrier: "j'ai vu les Savannes !" et l'on était stupéfait de ce que les Savannes prenaient leur café comme d'autres hommes et qu'ils buvaient avant d'avaler. Un curieux, mais un curieux qui veut comprendre les mécanismes de la société et ceux de l'individu : "un rêveur sublime", comme le désigne un autre Marseillais de passage. Henri Beyle, dit Stendhal. démissionne de l'armée en 1802, voyage, échafaude divers "plans de carrière", tombe plus d'une fois amoureux, s'enflamme pour une actrice, Mélanie. Nous sommes en 1805. La belle accepte un contrat pour le théâtre de Marseille, son soupirant décide de l'y accompagner."De quoi vivra-t-il ?" interroge-t-elle - "Du commerce" rétorque-t-il avec conviction. Et voici Henri Beyle, épicier (3), rue Sainte qui débouche rue Paradis. Il s'occupe de la comptabilité d'un commerce d'épices et note dans son Journal: "L'esprit de commerce, qui compte tout et ne s'enthousiasme de rien, m'est utile". Mélanie le quitte. Mélancolique, il reste quelques mois encore à Marseille et s'intéresse à tous les "types" humains que cette ville possède. Il prend des notes. Esquisse des "bouts" d'un roman. C'est le temps des apprentissages et des observations que nous retrouvons dans son journal. Il y consigne, par exemple, ce constat : "Les Marseillais ne font pas de consommation hors de leurs repas, et comme on disait à Casati (il s'agit du célèbre café) : - Prend-on quelque chose chez vous? - Hélas! oui, monsieur ; quelquefois on y prend des petites cuillers d'argent."

Marseille lui pèse, il écrit à Mounier, le 4 janvier 1806: "Pas l'ombre d'amusement ici, pas même de société; des femmes archi catins, et qui se font payer ; des hommes grossiers qui ne savent que faire des marchés ; lorsqu'ils se trouvent mauvais, ils font banqueroute ; s'ils sont bons, ils entretiennent des filles. Quel séjour, lorsqu'on a habité Paris !".

Il change de maîtresse, parle économie politique, brasse de l'argent, se durcit et se désillusionne sur les qualités qu'il attribuait au genre humain. Le 27 juin de la même année, il écrit qu'il n'a plus que "des transports de demi-heure pour les femmes", que la volupté est passagère, qu'il se lasse vite d'une nouvelle rencontre, que son passage à Marseille lui "a formé le caractère". Il est prêt à écrire sur l'amour, ses techniques et ses tactiques.

C'est aussi l'amour qui entraîne Alexandre Dumas à Marseille, l'amour de l'Histoire, avec l'adaptation pour le théâtre de son roman *Le Comte de Monte-Cristo.* Avec un tel auteur, la fiction l'emporte sur la réalité, et le château d'If est du coup paré de toutes les aventures que Dumas a inventées. On raconte qu'un Marseillais demandant au dramaturge: "C'est-y vrai, que Dantès savait lui aussi faire la bouillabaisse?" s'entendit répondre : "Té ! puisque c'est lui qui me l'a appris !" (4). C'est aussi et encore l'amour, cette fois du voyage qui fait se rencontrer cette ville où règne un air de départ et d'exotisme, et Gustave Flaubert, en partance pour Alexandrie puis Le Caire. C'est encore le voyage et l'aventure qui aménent Arthur Rimbaud, épuisé et souffrant, à l'hôpital de Marseille en mai 1891. Il quitte Aden le 9, est hospitalisé le 20, amputé de la jambe droite le 25. Il écrit à sa soeur Isabelle : "Je suis assis, et de temps en temps je me lève et sautille une centaine de pas sur mes béquilles, et je me rassois. Mes mains ne peuvent plus me tenir...Je ne suis plus qu'un tronçon immobile."

Elle vient le voir et assiste à son agonie, impuissante et perdue. Elle raconte :"il se met à pleurer, disant que jamais plus il ne verra le ciel dehors : 'j'irai sous la terre, me dit-il, et toi tu marcheras dans le soleil'." Le soleil, il l'avait peint d'une autre couleur, d'une teinte de rêve, ce soleil qui l'avait tant brûlé et usé dans ses commerces là-bas, dans la Corne d'Afrique, où la mer est rouge... Le soleil et sa magie poétique il les avait transmis à André Breton, un jour de la sombre année 1942, à Marseille. André Breton qui, quelques années plus tard, télescopera le message du jeune poète et celui de l'utopie, dans son *Ode à Charles Fourier.* Hasard ? Rencontre "surréaliste" ? Non, amitié. Chaîne de cette amitié sans racine et sans bourgeon, de cette connivence sans sens, autre que le plaisir de partager la liberté et de chercher "l'or du temps". Nous la retrouvons à l'oeuvre dans les romans de Giono et dans un essai, pas assez connu : *Le poids du ciel* (5), où il fait dialoguer des voix anonymes et les voix des "grands de ce monde" à propos de la technique, de la politique, de l'individu. Il parle de la grande ville et de son mépris pour l'humain, il parle "des oasis et des appels" qu'elle abrite, aussi. Il écoute "trois petites dactylos" raconter leurs attentes, leurs désirs. Elles seront déçues. Il se mêle à la sortie d'une usine et enregistre les propos des ouvriers, les espérances des uns et le scepticisme des autres. Et si ce jeune type rencontrait une des dactylos ? Si la ville sculptait la vie ? Et si les passions s'y déployaient librement en des combinatoires imprévues ?

Et si l'influence d'un site et de ses habitants sur votre caractère se manifestait sans vous le dire, de manière *incognito* en quelque sorte ? La ville n'a pas fini de nous faire réagir. Et c'est tant mieux. La ville est l'espace de toutes les contradictions sociales et culturelles dont le ballet incessant participe à la dynamique même de notre existence. Cette pression de l'urbain sur le citadin a été magnifiquement perçue par Le Corbusier qui rêvait d'une "cité radieuse" dans laquelle l'habitant se réconcilierait avec son environnement "naturel" et "machinique".

On prétend qu'il y a du Fourier dans l'unité d'habitation édifiée boulevard Michelet. On y trouve en effet une rue intérieure desservant des commerces et un hôtel. Le toit-terrasse loge une école et sa cour de récréation équipée d'un bassin. Les enfants, vus d'en bas, semblent courir vers le soleil. Rimbaud vit encore. Par un subtil effet de correspondances mes *amis d'hier* semblent appartenir à la même famille et apprécier, pareillement, cette ville de Marseille.

Fourier apparaissait à ses contemporains comme un génial bricoleur, Rimbaud comme un aventurier embarqué sur le bateau ivre de la vie, Le Corbusier est gentiment surnommé le "fada", Breton a retrouvé la marginalité des grands auteurs et Giono est statufié dans le rôle du héraut de la littérature provençale alors qu'il est l'apôtre de la désobéissance, le fin analyste de la déshumanisation de l'humain, l'écrivain de l'universel, finalement. Mais toujours avec le soleil dans le regard (7). Nos *amis d'aujourd'hui* qui s'enivrent de Marseille, qui s'y perdent pour mieux se retrouver, savent que les racines, dont tout homme a un besoin vital, peuvent s'enfouir dans l'asphalte des villes. Et qu'à Marseille, en particulier, l'enfant engrange le paquet de souvenirs qui lui procurera adulte d'utiles indices pour déchiffrer le rébus de l'existence.

Christian Harrel-Courtès avec *Marseille nostalgie* entrouvre la porte de l'enfance et nous promène dans le Marseille, son Marseille, qui a des allures d'un jardin magique, avec des arbres et des fleurs, de la neige et du vent, des odeurs et des peurs, des personnages et des caricatures, des voitures et des maisons,etc., tout un jardin urbain où se cultive le sens de notre vécu. Les *nourritures terrestres* poussent en ville, aussi.

Christian Harrel-Courtès ne rend pas un hommage teinté d'affection à Marseille en souvenir de sa jeunesse, non, il nous présente *sa* ville comme il le ferait d'un ami, d'une amie. Nous retrouvons là encore l'amitié, ce lien inexplicable et fort dont on sait seulement qu'ailleurs et avec quelqu'un d'autre, l'histoire fût différente. Laissons-nous guider dans ce Marseille des années d'avant-guerre, il nous parle aussi de notre lendemain.

Thierry Paquot

Notes :

(1) cf. Christian Harrel-Courtès, *Fusées, histoire d'une revue littéraire à Marseille en 1942*, éd. L'Harmattan, Paris, 1993.

(2) cf. Lucien Febvre, *La terre et l'évolution humaine*, éd. Albin Michel, Paris, 1938, qui cite G.Rambert, "L'agglomération marseillaise, étude de géographie urbaine", in *La vie urbaine*, n°3, Paris, 1919.

(3) cf. Paul Arbelet, *Stendhal épicier ou les infortunes de Mélanie*, éd. Plon, Paris, 1926.

(4) cf. Henri Clouard, Alexandre Dumas, éd. Albin Michel, Paris 1955.

(5) cf. Jean Giono, *Le poids du ciel*, éd. Gallimard, Paris, 1949.

(6) cf. Thierry Paquot (sous la direction de), *Les passions Le Corbusier*, éditions de la Villette, Paris, 1989.

(7) cf. Thierry Paquot (sous la direction de), *La bibliothèque des deux rives, ou la Méditérranée en livres*, éd. Lieu Commun, Paris, 1992.

I

Les odeurs

L'époque entre mon enfance et mon adolescence dans les années trente, resurgit grâce à des souvenirs olfactifs.

Je me retrouve au retour de quelque promenade en torpédo sur le sommet des collines de l'Estaque. La route qui menait d'Aix-en-Provence à Marseille dévalait des hauteurs dominant la ville jusqu'au centre. Cette avenue, au charroi intense, plongeait en forte déclivité jusqu'au quartier des ports, elle se nommait la Viste.

On était saisi, dès qu'on avait quitté les prés et les champs de la campagne périphérique baignée des parfums des foins, des arbres et des fleurs au printemps, par les bouffées d'odeurs industrielles

Les huileries et savonneries d'Arenc chargeaient l'air de fumées, qui stagnaient puis montaient vers le plateau de Saint-Antoine, et révélaient leur origine oléagineuse. L'odeur insinuante, âcre, nauséeuse du ricin, la fadeur lourde de l'arachide, les remugles du coprah se mêlaient aux effluves de la soude et des acides qui, en bas dans les usines, servaient à extraire des "scourtins" déjà pressés, le restant de matière grasse.

Tout Marseille s'imprégnait de ces relents particuliers. Curieusement, plus on descendait, plus la première impression désagréable s'estompait : ou bien le nez s'habituait, ou bien les essences volatiles se manifestaient plus agressivement lorsqu'elles s'élevaient du creuset de leur macération.

L'automobile progressait vers les ports, là s'installait une nouvelle ronde d'odeurs. L'osmose des diverses sensations rendait difficile la localisation de chaque origine car se superposaient, sur fond salin et iodé, une série de touches diverses.

De persistantes flambées de parfums vous envahissaient, celles-ci dues aux épices : cannelle, ylang-ylang (si tenace), poivre, girofle ..., celles-là, plus âcres avec les oléagineux, soulignées par une pointe acide et cependant sirupeuse émanant du cacao et des stocks de café.

Pour peu que le hangar aux primeurs soit approvisionné, régnaient haut de gamme les effets du surissement des agrumes parmi lesquels la banane dominait.

Au sein de ce maelström, on repérait la vanille tandis que les raffineries de sucre envoyaient des échappées de caramel et l'écoeurante ondée de l'écrasement des cannes et des coulées de mélasse.

Lorsqu'on suivait les quais, le goudron, les senteurs vénitiennes des bassins où les détritus le disputaient à la vase, effaçaient l'exotisme des précédentes manifestations.

Au coeur même de Marseille, dans les rues étroites où les bars et les restaurants, dès la belle saison, travaillent en terrasse, on se surprenait à humer de nouvelles senteurs. L'anis prenait souvent le pas sur le graillon pendant que triomphaient l'ail et l'oignon cuit et que sourdaient en contrepoint les fumets de la cuisine marseillaise avec le mijotement des soupes de poisson, le safran de la bouillabaisse ou les arômes s'échappant des légumes farcis. On ne pouvait se tromper quant à l'alacrité du jus de la tomate coincé entre l'effluve du poivron et la base harmonieuse de l'aubergine.

Dans les appartements, comme celui que j'habitais avec mes parents rue Saint-Jacques, on respirait sous le porche charretier (car les entrées n'avaient pas été modifiées depuis les voitures à chevaux) une humidité qui adhérait si fort aux murs qu'elle ne disparaissait même pas en plein été, et l'air conservait toujours une moiteur comme celle s'échappant des soupiraux de cave.

La loge de la concierge se signalait par l'inévitable soupe au chou ou quelque autre mets alliacé.

Les escaliers sans ascenseur vous éloignaient petit à petit de ce désagrément. A l'étage, les pièces vastes, sombres et nombreuses ne se débarrassaient jamais tout à fait d'un souvenir de naphtaline dont les boules blanches étaient emprisonnées dans les tapis roulés dans des journaux pendant l'été.

Sur cet arrière-plan de droguerie alternaient d'autres relents : celui du charbon qui brûlait l'hiver dans la cuisinière, le bois qui se consumait dans le "Mirus", poêle dont chaque pièce était équipée, les fleurs dans les vases du salon, la poussière qui hantait les placards.

Ce qui me laisse cependant le souvenir le plus précis - j'allais dire au fond du nez !- c'est le fumoir : une longue salle dont un des panneaux était recouvert de livres, particulièrement une encyclopédie Larousse reliée en cuir rouge, qui dégageait une odeur de tabac froid. Lorsque le fumoir était occupé et que les messieurs brûlaient cigarette sur cigarette, transparaissait une haleine de vieille pipe, de mégot, les meubles gainés de velours à rayures olive et jaune devaient en conserver la trace.

Notre appartement disposait d'une terrasse qui communiquait de plain-pied avec le fumoir. Je me revois au printemps de 1930, sortant de classe, j'avais dix ans : c'étaient les premières joies de l'été venant, on profitait des longues soirées pour respirer l'air pur. En fait, on aspirait la suie et la fumée qui sortaient des canons des cheminées de l'immeuble qui débouchaient sur cette terrasse. Comme à la belle saison, seules les cuisines étaient allumées, les vapeurs grisâtres mêlaient la combustion et les remontées de mangeaille.

Mais l'allégresse de se sentir survolé par des escadrilles piaillardes d'hirondelles, de découvrir les approches bleutées d'un couchant qui sombrerait bientôt dans le rose et l'or, gommait les inconvénients pour la griserie, toutes narines ouvertes, des élans d'un massif de magnolias qui étendaient leurs branches vernissées et leurs fleurs jusqu'à notre perchoir. Rien n'est plus envoûtant que le parfum des fleurs de magnolia qui distille des arpèges de délices.

Pour l'évoquer, ne faut-il pas mélanger les différents composants empruntés à la tubéreuse et l'oeillet, les giroflées et le seringa avec une base qui sert d'harmonique fleurie : une sorte de musc poivré ?

L'été, on partait pour les "Charmerettes", une propriété à quelques kilomètres du centre. Là, autre sarabande olfactive : l'odeur des prés fauchés, celle des plates-bandes après l'arrosage, celle des tilleuls. Le tilleul est intimement associé, pour moi, à un souvenir auditif : le vrombissement des abeilles. Le soir tard, les roses ayant absorbé le soleil diluaient une fragrance mûre, tandis que le matin, après la fraîcheur nocturne, la rosée vient exalter leur parfum.

Un accroc dans la suavité du jardin provenait des coins du parc où croissaient les vernis du Japon. Ces arbres ordinaires et déshérités vous lançaient en plein visage des assauts de térébenthine. Et puis le fumier, évocateur de bon air et de saine rusticité pour le citadin enfant que j'étais, et les poulaillers qui m'accaparaient par l'agression de la fiente et le flottement indéfinissable aux abords du logement de Grégoire, le jardinier.

Je me souviens encore des effluves que dégageait Grégoire, composés à la fois de l'empreinte sur les muqueuses du tabac froid du fumoir et des alternances de purin et d'herbe. Sa moustache, roussie par l'éternelle cigarette éteinte qu'il plaçait souvent sur l'oreille, au-dessous du béret basque, me transportait rue Saint-Jacques alors que ses mains me ramenaient à la ferme et que son pantalon semblait avoir été roulé dans l'herbe et le crottin.

C'est encore une brassée d'odeurs qui me tient lieu d'évocation topographique et saisonnière. L'hiver, d'autres alternances me poursuivaient : l'arôme qui s'exhalait du bol de café au lait dont j'exigeais qu'on enlevât la peau, ressuscite le lever tôt, la toilette expédiée, le petit frisson léger dans des chambres où le poêle "était tombé" durant la nuit.

Je hume en pensée le goût un peu rance du beurre conservé dans le garde-manger, petite cage grillagée qui se balançait à l'appui d'une fenêtre, hors de la cuisine - on ne connaissait pas encore les agréments du "frigidaire" qui n'apparut chez nous que vers 1933-34 - compensé par la saveur du pain frais, tout juste venu du boulanger.

Puis, très vite, succédaient l'odeur du cartable qui annonçait la classe, celle du cache-nez qu'on s'appliquait sur la bouche, insinuant dans les narines des effluves de chien mouillé.

Les trottoirs parcourus en coup de vent (on était toujours à la bourre) à la remorque d'une vieille accompagnatrice qui arborait en toute saison un canotier verdi où s'enroulaient quelques fleurs mauves. Cette demoiselle, véritable fée Carabosse, faisait la tournée du quartier, sa petite troupe grossissait de maison en maison où l'on pêchait d'autres enfants.

Les jours de mistral, la rue sentait le propre, le vif avec toujours les réminiscences lointaines de l'huile et du savon. On suivait en grappes traînantes le serre-file qui tenait la main du plus petit, on raclait les semelles sur le revêtement des trottoirs, on stoppait tous pour traverser les rues, et pourtant le trafic était plus que fluide. Dressant son parapluie, comme aujourd'hui les guides touristiques à Venise, la dame croulante chargée de sa marmaille imposait un répit à la circulation absente .... et, à la queue leu leu, on abordait l'aventure.

Regroupés sur l'autre trottoir, on se carapatait à grandes enjambées car il fallait se présenter à 8 heures moins cinq devant l'Institution Mélizan.

D'autres paysages odorants s'ouvraient alors à l'écolier. On passait, je m'en souviens très bien, devant le laboratoire de chimie qui laissait toujours filtrer des émanations de chlore, puis on pénétrait par la grande porte. Là, dans le tohu-bohu des arrivants, on était pris à la gorge par les préparations culinaires d'Alexandre, Maître Jacques de l'établissement qui, d'un oeil, épiait à travers un vasistas la ruée des élèves et de l'autre, surveillait la cuisson du déjeuner.

On avait droit à la dominante du chou, aux bouffées des haricots secs, à l'âpreté du vin ordinaire qui, mélangé à l'eau javellisée permettait de remplir "l'abondance", carafe où la flotte délayait généreusement le rouge.

Alexandre, comme Grégoire, trimbalait une odeur "sui generis" qui hésitait entre les relents de cuisine et les fadeurs du papier, des cahiers et de l'encre en bouteille, car il était aussi économe et distribuait par son "fenestron" les fournitures scolaires contre menue monnaie.

Dès le matin, la classe baignait dans une atmosphère lourde de corps mal lavés, vêtements non renouvelés. Sur ce fond tranchait l'odeur caractéristique des bâtons de craie et du torchon sale qui pendait, accroché à un clou à côté du tableau noir.

Certaines haleines de petits garçons repoussaient. C'est souvent par l'odeur que se nouaient des attirances, des compagnonnages, voire des amitiés, ou s'établissaient des répugnances : on fuyait celui qui s'oubliait dans ses culottes, celui dont, à l'approche de l'été, les aisselles propageaient, à chaque geste, de désagréables aigreurs ; on se rapprochait en revanche de tel angelot, frais comme une fleur, sentant bon le savon de toilette et la lavande dont les sachets glissés dans les piles avaient parfumé le linge.

Les professeurs (Pourquoi, mon Dieu, en ai-je gardé une si forte impression ?) me paraissaient sales et mal tenus. Je me remémore un certain Julien qui arborait une redingote raide de crasse, son cou maigre flottait dans un carcan de celluloïd douteux d'où s'échappait un brin de cravate. Il sentait mauvais cet homme, comme un de ses collègues puait des pieds. Un autre, que l'on surnommait Cacao, répandait en revanche autour de lui une sorte de parfum colonial .... La peau mate, le cheveu gominé, Cacao apportait dans cet environnement délabré des allures de dandy soigné jusqu'à ses souliers étincelants.

L'hiver, dans les cours de récréation, dominait un accablant méli-mélo à base d'humidité, de décomposition des feuilles de platane mouillées piétinées et des fumées des cheminées voisines.

Au printemps, déjà chaud à Marseille, les préaux couverts communiquaient une touffeur de poussière à laquelle se mélangeait le pollen des boules de platanes. Surgissait tout à coup le ballon de foot-ball qui, en touche, vous envoyait sa bonne odeur de cuir et de fauve.

II

Le climat

Quand je travaillais dans les affaires, mon port d'attache était Marseille.

Mais la centralisation excessive de toute l'économie à Paris, la présence des administrations dans la Capitale, la nécessité pour toute décision importante de contacter telle autorité sur les rives de la Seine, précipitaient une foule d'industriels, d'entrepreneurs, de banquiers, etc. sur les quais de la gare St-Charles - de préférence le lundi soir. On prenait à l'époque le Phocéen - train de nuit qui quittait Marseille à 22 h 30. Ce n'est que plus tard que l'avion se substitua au rail, pour tous ces P.D.G. avides d'importance et flattés de passer leur semaine auprès des hautes sphères.

Je faisais comme tout le monde. Je me souviens donc de la différence de climat entre le Nord et le Sud.

Quand on soulevait le rideau de son wagon-lit, un peu avant huit heures, aux abords de Paris, on découvrait une lumière blême, un ciel bas sur des banlieues grises et passablement mélancoliques.

Souvent une petite pluie zébrait le paysage. Dans l'autre sens, dès qu'on s'approchait de Valence, on était accueilli par la lumière du Midi, soleil déjà haut suivant la saison, bleu des nues, toits roses, lances sombres des cyprès. C'était la joie de la nature.

L'arrivée à Marseille était somptueuse. Après avoir longé l'étang de Berre, la voie emprunte le tunnel de la Nerthe et à sa sortie c'était l'éblouissement avec la rade éclatante, les îles blanches, l'éboulis des toits à génoise, les bateaux profilés le long des quais.

On embrassait du regard les tableaux de Cézanne, ceux qu'il a peints des hauteurs de l'Estaque. Le coeur se dilatait, on devenait gai, insouciant, léger, en extase devant tant d'harmonie grecque.

Je dois dire que cette constante dans le contraste a eu tendance au fil des années à s'estomper.

L'automatisme météorologique qui tranchait entre le beau méditerranéen et le médiocre de l'Ile de France s'est gommé petit à petit. Maintenant je ne sais par quel phénomène la séparation, comme coupée au couteau, n'est plus aussi radicale.

Il n'en reste pas moins que Marseille bénéficie d'un microclimat et qu'il y fait habituellement un temps clément et ensoleillé. Un des phénomènes caractéristiques de la vallée du Rhône et de Marseille à son aboutissement réside en la présence du mistral. Ce vent souverain, tempétueux, terrible parfois, lave en un tour d'horloge le ciel, le débarrasse de ses nuages, chasse la pluie et amène le règne de l'astre du jour.

Le mistral est un vent froid surtout en hiver où il a passé sur les neiges préalpines et s'est engouffré dans le sillon rhodanien.

Rien ne résiste à son passage.

C'est la raison pour laquelle on peut apercevoir en Crau et dans toute la région des vergers - Cavaillon étant son épicentre - des haies de cyprès serrés les uns contre les autres pour former des coupe vents et protéger les cultures.

A Marseille, c'est le "brefounié", suivant un mot populaire. Tout vole.

Les persiennes claquent, les tuiles sont détachées des toits, les linges pendus aux fenêtres dans les vieux quartiers s'arrachent de leur étendage. Un grand souffle emplit les rues et culbute les passants.

La mer est grosse et se brise en éventails de givre sur les rochers de la Corniche. Des rouleaux dignes de Biarritz s'écrasent sur les plages. La houle est présente jusque dans les ports pourtant à l'abri des digues. Le Vieux Port, en fait une calanque profonde, frémit à la surface et les élingues des bateaux de plaisance tintent tandis que ceux-ci se cognent entre eux et que l'on entend un cliquetis dans les haubans.

Il est quasiment impossible de prendre la mer pour des embarcations légères, même les gros paquebots ou cargos ont de la peine à se déhaler de leur poste d'amarrage et résistent difficilement aux courants. Il faut toute la puissance des remorqueurs pour qu'ils sortent sans encombre de leur emplacement réservé et gagnent les passes.

Du temps où on ne connaissait pas encore les poubelles fermées, le mistral dispersait les ordures et Marseille se retrouvait comme un champ d'épandage, feuilles de journaux plaquées contre les grilles, cartons coincés dans les arbres, restes de légumes ou résidus ménagers jonchant les trottoirs.

L'été le mistral est souvent chaud, car il a emmagasiné des calories dans l'arrière-pays d'Avignon, d'Orange ou de Montelimar.

Le cycle du mistral est de trois jours : on avait coutume à Marseille de décliner trois-six-neuf et je l'ai, comme d'autres, constaté. Vers le soir quand ce vent faiblit, il reprend le lendemain ; quand aux mêmes heures il redouble de fureur, il s'arrête la journée suivante.

Un couchant rose ou pourpre est annonciateur du mistral.

Le vent d'Est annonce la pluie prochaine.

La Largade est un vent d'ouest qui amène quelques nuages. Il est beaucoup moins fort que son compère qui vient du Nord.

L'été une brise marine entre 12 et 15 heures refroidit l'atmosphère et rend moins étouffante la canicule. Le soir pendant la belle saison, souffle un vent de terre délicieux et revigorant. Ma mère en sentant les effets disait qu'il s'agissait du "gregaou". Je n'ai jamais su où elle avait déniché ce nom. Probablement un vocable du patois marseillais qui tient du provençal, mais en moins noble, en quelque sorte la langue de Mistral abatardie.

Les températures à Marseille sont en relation évidente avec les vents et la présence de la mer. C'est dire qu'il n'y fait jamais aussi chaud l'été qu'en Provence. On constate facilement quatre à cinq degrés de différence avec Aix-en-Provence, Arles ou Avignon.

Cet écart se révèle aussi l'hiver. Le thermomètre descend plus bas en zone continentale que sur la région cotière.

Il n'empêche que les mois de décembre, janvier, février sont souvent rigoureux à Marseille et même glacés quand souffle le mistral.

La neige fait peu son apparition dans la ville elle-même, mais saupoudre quelquefois les collines et montagnes environnantes.

Il y a eu pourtant des années sibériennes avec des performances météorologiques bien au-dessous de zéro. J'ai souvenance, dans mon enfance, d'un hiver où la distraction consistait à faire le tour de l'agglomération en voiture pour aller admirer les fontaines ou les miroirs d'eau pris en glace. Le site du palais Longchamp était particulièrement visité. Il en était de même pour les jets d'eau de la fontaine Cantini. Ne parlons pas du petit lac du parc Borely qui semblait devoir attirer les patineurs.

Plus récemment, en 1956, s'est abattue sur tout le Midi méditerranéen une vague polaire.

La circulation dans Marseille était gravement perturbée et les services municipaux, peu habitués à ce genre de phénomène, se trouvaient dépassés.

Les gouttières et les tuyaux de descentes des eaux le long des vieux immeubles éclataient sous l'effet du gel.

Les caisses à eaux dans les soupentes, sous les toits, - vieille habitude marseillaise peu à peu abandonnée pour l'alimentation à la pression -

gelées, privaient les habitants de ces immeubles anachroniques de toute arrivée d'eau.

Des sportifs sans complexe chaussaient leurs skis et glissaient le long des pentes de Notre-Dame-de-la-Garde.

La population marseillaise déambulait en costumes d'esquimaux, les chapkas de fourrure, les anoraks, les canadiennes fleurissaient portés sur les pantalons de skis ; la tenue était complétée par de lourdes chaussures destinées aux sports d'hiver.

De tels excès climatologiques sont extrêmement rares.

A Marseille, on ne compte en réalité que trois saisons. L'automne, l'hiver et l'été. Il n'y a pas de printemps. On sort au moment de Pâques ou courant mai des frimas pour plonger très vite dans des chaleurs estivales. Dès juin, les baigneurs fréquentent les plages et les piscines. Les femmes arborent des tenues de Côte d'Azur. Les hommes abandonnent les tweeds et les lainages pour le lin, l'alpaga ou la toile.

Dans les années d'avant-guerre, la bourgeoise marseillaise changeait de "look" comme on dirait maintenant à l'occasion de la semaine sainte. Il était de bon ton pour les dames de sortir ce jour-là, après la messe et la bénédiction des enfants, les chapeaux de paille et les capelines, et de se vêtir de robes imprimées ou de tailleurs légers. Les messieurs, surtout d'un certain âge, attendaient cette date fatidique pour coiffer un canotier.

En revanche, l'arrière-saison est magnifique et se prolonge bien souvent jusqu'à fin novembre. Splendeur de la lumière qui n'est plus blanche comme en juillet et en août, mais bleutée et mordorée. Soirs qui s'éteignent lentement sur la mer lavande avec le décor montueux teinté de mauve et de lilas. Rousses frondaisons dans les parcs et le long des avenues plantées à l'époque de platanes vénérables. Une maladie s'est attaquée à cet arbre et actuellement on le remplace par d'autres espèces. L'avenue du Prado, qui du temps de ma jeunesse croulait sous l'or des feuilles jaunies, ne présente malheureusement plus cet aspect somptueux.

L'été, l'heure du dîner est très agréable surtout si on s'en va dans les innombrables caboulots, pizzerias ou restaurants qui se répartissent le long de tout le littoral marseillais.

Quoi de plus charmant qu'une halte vespérale au Vallon des Auffes où la mer pénètre à l'intérieur d'une petite anse où s'égaillent les bateaux de pêche tirés sur leur slip.

Moments merveilleux dans les établissements le long de la Corniche, l'air est frais, on prend son repas dehors, sous des canisses. On surplombe la rade. On devine les ports de commerce dans le lointain, on admire les îles de la baie : Pomègues et Ratonneau, le château d'If.

Plus loin, au-delà de la Pointe-Rouge et de la Madrague, le paysage prend une grandeur remarquable. Les arêtes de Marseilleveyre, de Maire, les assises en glaciers de l'île verte, aboutissent à une mer d'encre bleu foncé.

Des petites trattorias, des estaminets provençaux, vous offrent avec une délicieuse température l'attrait de la cuisine marseillaise avec la soupe de poisson, la bouillabaisse ou les loups, daurades et sardines simplement grillés et parfumés au fenouil.

Tout Marseille est dehors, la population du centre ville ou des banlieues fuit la touffeur tropicale des rues étroites pour venir se détendre au bord de la mer.

III

Le Vieux Port

A tout Seigneur, tout honneur !

Le Vieux Port : point géométrique qui constitue la matrice de Marseille. C'est dans cette darse que les Phéniciens abordèrent, c'est autour d'elle que la ville se développa.

Les dernières fouilles entreprises derrière le Palais de la Bourse de commerce authentifient les débuts de la cité et les situent près du rivage. Les restes de quais, les blocs qui devaient constituer les premiers môles, attestent que la mer s'enfonçait plus à l'intérieur des terres, c'est-à-dire que la modernisation de Marseille détermina un empiètement progressif sur l'eau. La carcasse d'une trière, probablement romaine, exhumée il y a quelques années, prouve à l'évidence - vu ses imposantes proportions - que Marseille dans l'antiquité pouvait se glorifier du titre de grand port de la Méditerranée.

Le Vieux Port a peu changé dans sa configuration générale, grande flaque qui pénètre au coeur de la ville et qui représente pour moi un des plus beaux sites du monde.

Si les bateaux de haut bord à château sculpté par Torro, d'après les dessins de Pierre Puget, si les caravelles du temps de Louis XIV et jusqu'aux goélettes qui, au XIXème siècle, amenaient d'Espagne les oranges, ont déserté, ils ont été remplacés par les flottilles de plaisanciers. Leurs bateaux, amarrés à des pontons perpendiculaires aux quais mais parallèles entre eux, se touchent bord à bord. Aussi, depuis le bas de la Canebière, la partie du bassin laissée libre par ces entassements de coques et de mâts se résume-t-elle en un chenal.

L'oeil remarque de loin comme un moutonnement blanc et bleu. J'ai observé que les bâches qui coiffent les moteurs ou les prélarts qui entourent les voiles sont de dominante bleue alors que la plupart des bateaux sont peints en blanc. Une pincée d'orange, le ventre acajou d'une vedette, un spi bariolé qui sèche après la régate, jouent le rôle de touches crues comme celles posées par un peintre sur une toile en camaïeu afin que, plus agressives, elles rehaussent l'uniformité d'un véritable troupeau au repos, paré des nuances de l'ivoire et de l'azur.

Ces embarcations grandissent au fur et à mesure que l' on s'éloigne du quai des Belges, base du Vieux Port, pour remonter de chaque côté vers le palais du Pharo.

Près de la ville, ce sont les pannes des barques et des "bêtes", la "bête" étant la panacée de la barque marseillaise en bois à fond plat avec une seule arête formant la quille.

Dans mon enfance, on ne voyait que ces petites unités réservées à la pêche ou la promenade, avec ou sans mât, la plupart équipées d'un moteur

Baudouin à deux temps. J'ai encore dans l'oreille le teuf-teuf de ces "bêtes" quand elles se détachaient de leur poste pour gagner le milieu du Vieux Port vers la rade, au-delà des forts.

De nos jours, se mêle à ces types traditionnels la gamme des canots en plastique, des engins divers avec leur moteur hors-bord à la poupe. Les yachts prédominent plus loin, on admire alors toute une gamme de beaux voiliers de douze mètres ou plus qui se serrent autour du pavillon flottant de la Société Nautique. Ce club fait partie du paysage marseillais avec sa silhouette de "boat" sur le Mississipi qui est demeurée la même depuis cinquante ans. Les voiliers à la coque effilée, à l'immense mâture, toisent de leur élégance altière les masses rutilantes des grosses vedettes à moteur qui ne brillent que par leur luxe, leurs formes de gros "fers à repasser", aplaties sur l'eau, ne pouvant rivaliser avec la "race" de leurs superbes voisins, véritables oiseaux des mers par les ailes des voiles et en même temps poissons grâce aux carènes conçues pour fendre les lames, pour couper la houle, pour se coucher sous les risées.

Il y a quelques années des chalutiers se groupaient devant la "Criée" aux poissons - devenue le Théâtre de la Criée. J'aimais les coloris de ces "pêcheurs" avec leurs coques vertes ou bleues, leur bordé rouge ou blanc, leur timonerie peinte de tons vifs. Ils ont servi de motifs aux peintres provençaux : Verdilhan, Ferrari, Ambrogiani ...

Ce coin pittoresque a disparu, les chalutiers ont quitté le Vieux Port pour stationner dans l'enceinte de Saumaty où a été transporté le marché aux poissons. Heureusement, certains artisans pêcheurs viennent encore accoster au quai des Belges et vendent aux chalands qui déambulent le produit de leur sortie matinale.

De petits tonnages s'appuient ainsi à l'aplomb du quai, certains débitent leurs prises : rascasses, rougets, dorades .... installés à l'intérieur de leur bateau, la pontée servant d'étal. D'autres débarquent, disposent des parasols bariolés au-dessus d'un banc, et proposent leur pêche.

Si le beau temps règne et que le soleil baigne la scène, rien n'est plus pimpant que cette série d'ombrelles de couleur où l'orange et le citron s'intercalent entre la vanille et la pistache.

Sous cette protection en tranches napolitaines, les poissons bougent encore, ils lancent des éclairs jade ou argentés, corail ou cornaline tandis qu'une pyramide d'oursins violets se dresse à côté.

Le tirant d'eau du Vieux Port est suffisant pour que des unités importantes viennent jeter leur échelle de coupée sur le quai des Belges. Des torpilleurs, des navires câbliers comme "L'Archimède", des dragueurs de mines viennent imposer leur présence militaire en silhouettes gris-bleu. Quelquefois de beaux navires-écoles à voiles rétablissent pour un temps la présence obsolète des brigantins. Les plaisanciers paraissent des puces à côté de ces mastodontes qui barrent de leur coque ou de leurs gréements la perspective du port.

Il y a des lieux qu'on ne peut défigurer malgré les inévitables sévices dus au modernisme, ou comme pour Marseille à la guerre. Le Vieux Port est de ceux-là.

Lorsque j'étais jeune, les structures en fer du pont transbordeur zébraient le paysage. Ce qui rendait harmonieux et aéré ce parallélépipède dégingandé c'était la résille de câbles qui l'équilibrait et l'éventail des filins à l'extrémité desquels coulissait la nacelle.

Ce monument du XIXème siècle finissant faisait partie du décor. On y était tellement habitué que lorsqu'il fut démoli avant la guerre de 1939, parce que jugé inutile et d'un entretien coûteux, chaque Marseillais se sentit frustré au même titre qu'un admirateur de Paris qui verrait disparaître la tour Eiffel.

Pour passer d'une rive à l'autre, le trafic des voitures et des camions devenant intense, on construisit plus tard un tunnel sous le Vieux Port. Maintenant qu'on a oublié le pont transbordeur, on est obligé de convenir que le paysage, débarrassé de cette architecture arachnéenne, a gagné en beauté.

Le ferry boat, sorte de navette entre la Mairie et le quai aux Huiles, continue ses traversées incessantes ; il avait été question de le supprimer, je crois que Marseille y aurait perdu en pittoresque et en folklore.

Les forts Saint-Jean et Saint-Nicolas qui se font face et qui surveillent la passe au pied du Pharo forment deux assises indispensables à l'harmonie linéaire de l'ensemble. Les deux forts sont magnifiques avec leurs hautes surfaces pentues de pierre rose-orange le soir et leur glacis blanc qui plonge dans la mer. Entre Saint-Jean et Saint-Nicolas on aperçoit, fermant la calanque vers la mer, une presqu'île verte avec ses pelouses et ses arbres qui enserrent un château sans grâce du plus pur Napoléon III. Le palais du Pharo avait été construit sous le règne de l'Empereur pour servir de résidence d'été à l'Impératrice Eugénie. Des terrasses qui bornent l'énorme bâtisse, la vue est imprenable tous azimuts puisqu'elle découvre l'enfilade du Vieux Port et, de l'autre côté, ménage une vision sur la rade avec ses îles et ports jusqu'à l'Estaque, en prolongement, les collines du Rove et de Caro.

Lorsque l'Empire fut balayé après 1870, le Palais devint la propriété de la Mairie. Après avoir servi longtemps à abriter certaines dépendances des facultés de médecine et de pharmacie, le monument fut désaffecté. La municipalité y organise des réceptions. L'été, un "Théâtre aux Etoiles", monté en plein air, occupe la cour d'honneur entre les deux ailes du château.

Jusque-là, rien n'a trop changé, mais de profondes modifications sont intervenues dans l'environnement du Vieux Port.

D'abord , dans les années trente, le Vieux Port communiquait avec deux canaux bordés de vieilles maisons, ils ont été comblés et sont devenus le cours d'Estienne-d'Orves et le cours Jean Ballard.

Je me souviens que lorsque j'avais treize ans, déjà passionné par la peinture, je m'essayais à fixer sur la toile ou le carton les aspects merveilleux de ces bras d'eau qui s'enfonçaient entre les immeubles. Des pont-levis en bois, qui s'ouvraient par le milieu comme celui de Trinquetaille immortalisé par Van Gogh, jalonnaient les "rii". Les façades rongées de teinte ocre, rouille, rose fané ou jaune pâle se reflétaient dans l'eau croupissante, telles des demeures vénitiennes. C'était ravissant, et grand est mon regret de voir, de nos jours, cette ambiance lacustre effacée, alors que les espaces empierrés et asphaltés sont encombrés d'automobiles et qu'un horrible "parking" à étages en béton armé, trône là où auparavant se jouaient les réfractions et les mirages (il vient d'être heureusement démoli).

Je ressens, chaque fois que je compare ce qui est et ce qui fut, la même peine que celle que j'éprouve à Chioggia, près de Venise, où des "barbares" ont sacrifié un merveilleux canal à la hantise de la circulation.

Tout ce quartier qui jouxtait les canaux s'en est trouvé enlaidi, et les éventaires de poissons et de coquillages qui proliféraient cèdent le pas à des voies piétonnières sans couleur locale où se réfugient des bars et des cafés. On y aperçoit un vilain bassin au jet d'eau pisseux où s'alignent des bacs en ciment qui servent à faire pousser des arbustes maigrichons.

Le ravalement des façades, en revanche, est assez réussi et l'obsession d'enduits de couleurs tendres, rose, blanc cassé ou ocre, avec des huisseries grises ou vertes pour faire bonne mesure quant à "l'italianisme" ou tout simplement "méditerranéisme", réhabilite un peu le lacis des rues étroites qui rayonnent autour du cours d'Estienne-d'Orves.

Une autre catastrophe eut lieu pendant la dernière guerre : la destruction systématique des vieux quartiers par les Allemands. Lorsqu' on prend la mesure du Vieux-Port depuis le quai des

Belges en regardant vers le Pharo, on doit savoir que ces quartiers anéantis se situaient à droite.

Tout jeune garçon, j'aimais cette dégringolade de vieux toits en tuiles rondes, de maisons de guingois qui se chevauchaient en désordre, de l'Hôtel-Dieu jusqu'au quai.

Il n'était pas question de pénétrer dans cet enchevêtrement de ruelles et de placettes, car il s'agissait, disait-on, du repaire des mauvais garçons, des maisons closes et des boîtes à matelots.

En fait, vivait là une population modeste de Marseillais et de Marseillaises qui y étaient nés et s'accommodaient fort bien de la promiscuité des filles et de leurs lupanars.

Avant que les occupants n'aient rasé ce vieux Marseille, je me rappelle avoir parcouru ces recoins qui m'avaient été jusque-là interdits. De nombreux restaurants "marché noir" fleurissaient dans cette zone qui constituait comme un enclos réservé où se perpétuaient les traditions du petit peuple.

Malgré le tout-à-l'égout il n'était pas rare, la nuit, de recevoir sur la tête le contenu d'un pot de chambre ou d'un seau de toilette. D'un étage, avant de balancer dans la rue son envoi malodorant, une silhouette criait comme par le passé : "passares !"

Un soir de 1940 ou 1941, je passai une soirée inoubliable dans un restaurant vietnamien où le chat (ou le rat peut-être) était si bien enrobé de sauce forte qu'il faisait illusion. Assistaient au dîner, le R.P. Bruckberger, Jean Giraudoux, Louis Jouvet et Madeleine Ozeray[1].

Les Allemands se persuadèrent - seuls, espérons-le, et non poussés par quelque collaborateur en quête d'espaces vides et à construire en pleine ville - que ce quartier abritait des réseaux de terroristes, des nids de résistants et d'espions et que se tramaient là de sombres complots.

Quoi qu'il en soit, ils firent sauter l'ensemble après en avoir chassé les habitants.

Je ne sais à quelle favorable influence on fut redevable du respect de certains bâtiments anciens qui demeurèrent inviolés au milieu des ruines. Ce fut une chance que soient préservés des monuments tels que la Mairie, édifiée sur les plans de Pierre Puget, avec son élégante façade rose, la proportion classique de ses fenêtres et de ses balcons et le portail monumental, flanqué d'atlantes, dû au ciseau du sculpteur.

D'autres reliques subsistèrent, c'est le cas de la "Maison diamantée", appelée ainsi en raison de ses murs extérieurs taillés en facettes. Elle abrite le Musée du Vieux Marseille. L'église des pêcheurs Saint-Laurent, le clocher des Accoules, l'antique Hôtel-Dieu magnifient encore à l'heure actuelle la ligne de crête du quartier évanoui.

Le quai qui fait face à la Mairie avait été déjà abîmé par les ajouts d'immeubles neufs au milieu du paravent prestigieux des entrepôts, des magasins, des arsenaux des galères. Depuis le cours d'Estienne-d'Orves jusqu'à la Criée, une suite

1. Cf. *Fusées*, éd. L'Harmattan, 1993.

ininterrompue d'immeubles datant de Louis XIV s'étalent en bordure. Bien sûr, ces témoins séculaires affichent leur destination utilitaire, pas d'ornements ni de fioritures pour rompre la monotonie et la sévérité de leur aspect. Les façades de la même hauteur trouées de nombreuses fenêtres pour l'aération des locaux destinés au stockage des marchandises, comportaient des porches larges et profonds qui devaient faciliter les mouvements et le charroi de tout ce qui était destiné à l'entretien des navires : madriers, poutres, et rendre plus aisée l'installation des cabestans, filins, cordages, ancres et permettre les réparations diverses qui nécessitaient la manutention de pièces lourdes et encombrantes.

Ces salles immenses aux plafonds soutenus par des grosses solives transversales sont devenues des locaux commerciaux, destinés pour la plupart à la restauration. Des établissements pour touristes se succèdent, chacun proposant "la vraie bouillabaisse marseillaise" avec rouille, accompagnée ou non de langouste, c'est affaire de prix.

Il est incontestable que ces îlots du XVIIème siècle avec leur belle apparence de pierre érodée constituent le côté noble du Vieux Port. Sièges de l'Administration à la fois commerciale et pénitenciaire, doublée d'une présence militaire, ces blocs massifs imposaient un contraste avec les vieux quartiers de l'autre rive qui, constitués d'habitations, abritaient la population sédentaire et les familles de marins. Le fouillis des bâtisses, coupé d'étroites venelles - j'allais dire de cales - n'interdisait pas que le cordon rectiligne des extérieurs sur le Vieux Port révélât une jolie ordonnance due aux nuances passées et voisines des maisons inséparables les unes des autres. Les décrochements qui cassaient l'uniformité se situaient au niveau des toits et certains se détachaient, plus ou moins élevés et, ce faisant, communiquaient à cette frange pastellisée une allure discontinue dans sa constance frontalière. Il fallut donc ressusciter autour de la Mairie un quartier neuf qui ne choquât pas trop et s'intégrât au mieux dans l'environnement en prenant pour appui les quelques vestiges encore visibles.

Les architectes ne s'en tirèrent pas mal. Une suite d'immeubles aux façades en pierre de Rogne et aux toits de tuiles provençales encadrèrent la belle Mairie en la dégageant suffisamment pour la faire apparaître comme un joyau dans un écrin fauve. Le parti pris de disposer devant chaque appartement des loggias couvertes et de prévoir un passage en arcades à l'italienne au ras du trottoir, a été bénéfique.

Le grand architecte qu'était Fernand Pouillon fut consulté, il se chargea de la partie supérieure de cette reconstruction, il créa un complexe d'immeubles neufs mais fort heureusement animé par l'excroissance de tours proportionnées de telle sorte que le *skyline* ne fut pas monotone. Les protubérances blanches de ces trouvailles ponctuent le site en rappelant avec astuce l'existence des réalisations anciennes. C'est ainsi que vers le Vieux Port, Pouillon s'est accroché au découpage du fort, s'est servi du clocher de Saint-Laurent comme contrepoint, des galeries régulières de l'Hôtel-Dieu.

A gauche, en se dirigeant vers le large, l'effet est moins heureux. Pouillon n'a pas eu à intervenir, mais, grâce à Dieu, le fort, plus imposant que son vis-à-vis, l'amorce de la colline du Pharo, l'esplanade de Saint-Victor effacent un peu l'agressivité d'une tour de quelque quinze étages qui serait proprement hideuse si elle ne trouvait son pendant dans les "buildings" de la rive droite dont nous venons de parler.

Une enclave, ou plutôt une anse complémentaire comme un second plan d'eau constituait, dans mon enfance, un lieu plein de pittoresque : il s'agissait du bassin de carénage qui s'étalait au pied de l'abbaye de Saint-Victor. Cette anse, aujourd'hui fermée par un pont, était le lieu de mouillage des gros remorqueurs ventrus, noirs et rouges, de la Compagnie Chambon dont les bureaux dominent toujours l'emplacement de leur flotte.

Le bassin de carénage s'est rétréci d'année en année comme une peau de chagrin et ne subsiste présentement qu'une petite mare. Ce sont les bateaux de plaisance proliférant qui ont pris la place des engins de remorquage. Par ailleurs, des échangeurs, béton et bitume, bordés de glissières d'autoroute ont occupé de larges pans de cette zone aquatique en lui faisant perdre son cachet.

Il n'en reste pas moins que le Vieux Port, vu du haut de l'esplanade qui sert de parvis à Saint-Victor, avec au premier plan ce qui reste du fameux bassin, offre un panorama exceptionnel.

Les dômes et les tours de la cathédrale néo-byzantine dans les tonalités de gris et de mauve dus, paraît-il, au "génie" d'Espérandieu, bien qu'affreux, se fondent dans le paysage et n'arrivent pas à en gâter la splendeur.

Le Vieux-Port est vraiment le poumon de la ville. C'est autour de lui, grâce à lui, en rapport avec lui que démarre et se répand en ondes de plus en plus élargies l'ambiance si caractéristique de Marseille, faite d'agitation et de laisser-aller, d'activité laborieuse et de détente. Les boutiques des shipchandlers alternent avec les restaurants, les affaires au service du monde maritime disputent leurs espaces aux bars et aux cafés.

La présence de ce rectangle marin, serti dans Marseille, ne peut lasser l'esthète le plus difficile. L'eau prend, suivant les saisons, les conditions climatiques et les heures, une couleur différente avec d'infinies douceurs ou dans le registre d'un chromatisme violent.

Lorsque souffle le mistral, le Vieux Port est d'un bleu d'encre, enchâssé dans la rousseur des bâtiments qui s'érigent sur les quais. La forêt des mâts ("les mâts dans la rue", disait Supervielle) s'élève en bouquet d'aiguilles qui occupent verticalement les éléments d'un décor de théâtre. La Mairie devient plus rose, les Forts se parent de pêche, le Pharo tranche d'un vert sourd. Par temps de bruine ou de pluie, tout se noie dans un gris qui rappelle l'argenté des peintres flamands, le Vieux Port vire alors à l'étain.

Les couchants sont somptueux, l'or s'accroche aux arêtes des forts, les tours deviennent caramel, la Mairie vire à l'orange, le palais du Pharo s'obscurcit en contre-jour sur un ciel de feu. Des paillettes rutilent, des gouttes ignées soulignent la moindre saillie, des flaques en fusion prennent la place des fenêtres dont les vitres irradient.

De nuit, on se félicite des progrès de l'éclairage. Les services municipaux ont eu l'heureuse idée de braquer des projecteurs sur le plan d'eau, de telle sorte que les bateaux de plaisance forment une tapisserie serrée de texture blanche sur laquelle jouent les ombres et où s'exaltent les détails colorés.

La façade de la Mairie, sous l'effet de spots puissants, sommeille dans un halo nacré.Les grands forts accusent leur masse prestigieuse teintée de havane clair.

A la saison d'été, le Pharo illuminé au loin fait rêver à quelque castel enchanté.

IV

La Canebière

La Canebière - Champs-Elysées de Marseille - avec comme point de départ le Vieux Port se termine aux Réformés, nom bizarre pour une église catholique.

Il s'agit de la copie d'une minicathédrale gothique, construite dans une pierre pauvre et grisâtre. Cet édifice, dans mes lointains souvenirs, accusait le style flamboyant, se hérissait de clochetons, de bouquets de plumes de pierre et de verrues contournées.

Les sculptures mal ouvragées se délitaient et des morceaux tombaient sur la tête des fidèles. L'évêché essayait bien de protéger les paroissiens par des nasses en fil de fer, mais ces filets inesthétiques ne retenaient que la fiente des pigeons qui les maculait de tâches blanchâtres. On dut se résoudre à débarrasser l'église de ses ornements déliquescents.

Un monument élevé à la mémoire de soldats morts, dit "Monument des Mobiles" brille en face par sa médiocrité. Le carrefour assez large entre ces deux horreurs délimite le terme de l'avenue si tristement célèbre. Tristement... car la Canebière - symbole de Marseille - traîne avec elle toute une mythologie rigolarde : ..."Ah! vous êtes de Marseille ?... la Canebière..." entend-on dans tous les pays du monde, et les rires gras accompagnent son évocation. La Canebière pour les étrangers, mais aussi pour tous les Français à partir d'Avignon, est synonyme de pastis, de siestes prolongées, de farniente, de parties de boules sur les rails du tramway.

Marseille vu à travers Pagnol et l'opérette marseillaise : "Un de la Canebière", ne brille, à en croire ces thuriféraires, que par la paresse, la roublardise, un "je-m'en-foutisme" inaltérable. A cause de cette fameuse Canebière, les pauvres Marseillais ne sont pas pris au sérieux, ils sont brocardés, ridiculisés ... et de se gausser de Marius, d'Olive, de Fanny, de citer de grosses plaisanteries salaces, d'évoquer les "fadas", les demeurés, les éternels jobards.

Après les "Mobiles", les choses s'améliorent, le côté droit de la Canebière en direction de la mer est ombragé par de grands platanes. Dans ma jeunesse, cette partie se nommait "les allées de Meilhan". Un kiosque à musique pareil à celui des dessins de Peynet est installé sous les arbres. Il a été récemment peinturluré en rouge et en jaune criards et sert de podium à un centre culturel.

Sur la moitié de sa longueur, la Canebière affiche un air de promenade, une sorte de mail. Dès le printemps, les feuilles des platanes forment une voûte élevée et communiquent une impression de fraîcheur bien utile en été quand la ville cuit dans la fournaise.

Au mois de décembre, deux ou trois semaines avant la fête de Noël, les allées de Meilhan accueillent la Foire aux santons. Cette tradition immuable s'est perpétuée. Aujourd'hui encore, les mêmes boutiques en planches, hâtivement montées, exposent toujours les personnages de la crèche. Chaque santonnier dispose d'une baraque. Sur des étagères en gradins, ils placent leurs personnages d'argile par rangs de taille : en bas les plus grands, puis les moyens, enfin "les puces".

Les vieux marseillais connaissent bien les deux ou trois meilleurs artisans dont le savoir et l'adresse se transmettent de génération en génération. Les santons sortis des mains de ces véritables artistes et non des moules, sont saisissants de naturel. Les visages, les attitudes, les gestes prouvent la qualité du modelage. Les costumes provençaux peints avec minutie ne laissent place à aucune fantaisie, les tissus des jupes et des fichus pour les femmes, les culottes et les gilets pour les hommes sont fidèlement reproduits d'après les vêtements conservés dans les familles, telles des reliques, ou dans les musées. Certains poussent le souci du détail en partant de l'iconographie provençale. Les attributs de chaque profession parachèvent l'authenticité.

Chez les champions aubagnais (les créateurs travaillent pour la plupart dans cette petite ville au nord de Marseille où la qualité de l'argile est célèbre), les figurines ne cèdent jamais à la modernité : pas de curé en soutane (encore que cette tenue ecclésiastique devienne anachronique), pas de garde-champêtre, pas de maire en redingote avec écharpe. Le petit peuple de terre cuite correspond à des types nettement répertoriés. Ils recoupent les acteurs des Pastorales (la Pastorale de Maurel jouée en provençal est la plus connue). Les plus réputés des santons sont : lou Ravi, Bartoumiou, Grasset et Grassette, l'aveugle et son fils, le Boumian ...

Le "Ravi" est un santon apode qu'on installe derrière une fenêtre de la grange de la Nativité ou dans une maisonnette voisine, on n'aperçoit que ses deux bras levés en V et son visage béat. Il est censé traduire par son attitude à la fois l'étonnement et la joie, l'exaltation et la stupeur. "Ravi" est pris en patois dans le sens de charmé, envoûté, "enfadé" comme on dit dans le Midi pour exprimer la possession magique.

Bartoumiou, appelé aussi pistachier, est une sorte de gros garçon un peu simplet qui se dirige vers la crèche, encore coiffé de son bonnet de coton, les brailles rapidement enfilées. Une camisole, qui doit être sa chemise de nuit et dont un pan sort du pantalon, des bas de laine à rayures de couleur et des sabots complètent sa silhouette. Il doit être encombré de présents divers : dans une main il tient un chapelet d'aulx; une "fougasse" (sorte de pain rond) est suspendue à son bras, une lanterne s'ajoute au barda.

Grasset et Grassette campent un couple de vieux qui se donnent le bras et s'abritent sous un grand parapluie rouge. L'homme est endimanché comme les paysans provençaux avant la guerre de 1914, veste de velours noir, gilet à fleurs, pantalon de basin blanc ou tabac, grand chapeau de feutre comme celui que portait Mistral. La femme, ridée, un peu courbée, porte un cotillon à dessins provençaux, un fichu blanc ou noir croisé sur la poitrine, les bas blancs dépassent de la jupe, la tête est coiffée d'un bonnet de dentelle.

L'aveugle et son fils forment aussi un couple : le père en pantalon et bottes comme les chasseurs de l'époque appuie sa main sur l'épaule d'un enfant qui le guide. La légende veut que l'aveugle recouvre la vue en se prosternant devant l'Enfant-Jésus; cet épisode donne lieu dans la Pastorale à une scène émouvante : l'aveugle est comme foudroyé par un rayon miraculeux, il jubile, il crie son bonheur, le metteur en scène agrémente cette séquence de grondements de tonnerre en coulisse.

J'étais très effrayé, étant enfant, quand arrivait le moment pathétique : des accessoiristes frappaient sur des tôles et des éclairs électriques zébraient le théâtre, d'autant plus inquiétants qu'ils traversaient l'espace scénique subitement plongé dans le noir.

En provençal, le Boumian c'est le Bohémien, le méchant, le détrousseur, le voleur de poules, le maudit, il se convertira devant la crèche. Ce santon est toujours embusqué dans le fond du décor, il sort de la forêt simulée par des branchages. Il revêt un aspect terrible, un couvre-chef noir, genre mousquetaire, orné d'une plume et relevé d'un côté le dissimule plus qu'il ne l'abrite, on devine une peau basanée et une paire de moustaches noires qui barre le bas du visage au-dessus d'une bouche au rictus carnassier.

J'étais terrorisé par le Boumian et je me cachais dans le corsage de ma mère ou de ma gouvernante quand apparaissait ce bandit ... C'est avec force pleurs dans la salle qu'on assistait à sa transformation. Frappé par la grâce, il s'agenouillait devant l'Enfant et lui aussi pleurait sur ses péchés ; la figure inondée de larmes, il baisait les pieds du Nouveau-né et priait. Il se relevait humble et contrit.

En dehors de cette "quadria" inévitable, fleurissent au hasard des crèches tous les représentants des métiers ancestraux. D'abord, les bergers vêtus de peau de mouton, puis le pêcheur, le rémouleur qui transporte son établi sur son épaule, le bûcheron qui trimbale un fagot en travers de la nuque, le meunier et son sac de farine, la poissonnière les bras chargés de paniers et bien d'autres représentants de la campagne et des villages provençaux. Chacun de ces santons doit être chargé de l'offrande qu'il va déposer devant le trio de Marie, Joseph et l'Enfant Jésus.

Les santonniers font preuve d'une rare imagination, ils multiplient les professions, ils s'amusent à en varier les signes distinctifs. Certains représentent le pêcheur avec une canne au bout de laquelle s'accroche un poisson d'argent, d'autres se contentent d'un filet jeté sur l'épaule. Le chasseur tient un lapin ou un lièvre à bout de bras, le fusil en bandoulière, ou épaule son arme en direction d'une proie imaginaire (Aussi dans ce cas fallait-il placer le "cassaïre" vers les bois.)

Les amateurs de crèche rivalisent de recherche et d'ingéniosité, la lavandière à genoux est placée près du ruisseau en papier d'argent, des petits ponts en bois ou en liège permettent la traversée du ru. Chez nous, on mettait sur le pont une paysanne coiffée d'un grand chapeau posé sur un foulard, la jupe étalée sur l'âne qu'elle chevauchait. Les collines étaient confectionnées avec du papier d'emballage froissé, couleur bistre, sur lequel on collait des morceaux de mousse qu'on coloriait pour donner l'illusion de rochers et de ravins. Les moulins, les puits, les mares, les petites maisons restituaient le paysage typique de nos régions. Les hameaux s'étagaient sur les hauteurs.

La confection de la crèche est prétexte à toutes les combinaisons. Je me souviens de l'admirable crèche de Léopold Dor qui a écrit, entre les deux guerres, un beau livre sur les santons en collaboration avec le chanoine Arnaud d'Agnel. Ce célèbre avocat maritime se passionna pour la confection de son chef-d'oeuvre : disposée sur des planches supportées par des tréteaux, la crèche de Léo occupait un quadrilatère d'au moins dix mètres carrés. Une toile de fond, peinte par un spécialiste, prolongeait en trompe-l'oeil le paysage organisé. Les santons de plusieurs dizaines de centimètres pour ceux entourant l'étable étaient habillés de tissus anciens, seuls le visage et les mains étaient modelés dans l'argile. Des couturières s'échinaient toute l'année pour les vêtir. Les moindres effets donnaient lieu à de patientes recherches pour ressusciter au plus juste les tenues des Provençaux au XIXème siècle. Il fallait des doigts de fée pour tailler dans des rubans ou de vieilles dentelles un bonnichon de quelques millimètres, pour couper une robe minuscule qui laissait deviner les dessous. Rien ne manquait, pas un bouton, pas une passementerie, pas une fanfreluche.

Ces personnages reconstitués comme pour un musée lilliputien du costume se comptaient par dizaines.

Léopold Dor réunissait les enfants amis de son fils, Henri Léopold, à la Noël pour un grand goûter dont l'attraction principale était la contemplation de la crèche. Il quitta Marseille pour s'établir à Paris où ses affaires l'appelaient et à Cannes où il possédait une magnifique propriété "L'Oulivetto". La crèche fut emballée et resta des années dans des caisses jusqu'à ce qu'il l'offrit à l'église du Vieux Suquet à Cannes.

Sur le large trottoir de l'autre côté de la Canebière se succédaient les grands et luxueux cinémas du Marseille d'alors : le "Pathé", le "Capitole", le "Majestic". Plus bas s'ouvrit, vers 1933 le "Cinéac" où l'on projetait sans interruption, la journée et une partie de la nuit des "actualités". J'étais très friand de cette distraction autorisée par les parents, et pour une somme modique, je restais pendant des heures les yeux rivés sur l'écran, revoyant plusieurs fois le même programme. C'est de ces souvenirs que je tire les références du monde de cette époque où j'étais adolescent.

Je revois, comme si j'y étais, les foules hurlantes de Nuremberg acclamant le Führer, j'entends encore les vociférations rauques d'Hitler, la bonne bouille épanouie du Président Doumergue inaugurant quelque monument, l'entrée du "Normandie" dans le port de New-York sur fond de gratte-ciel, avec son cortège de bateaux-pompes qui lançaient des geysers. La silhouette de Lindberg et tant d'autres évocations de l'avant-guerre de 1939 me reviennent à l'esprit. Le jeune garçon que j'étais regardait les images sans pressentir le moins du monde leur signification politique et encore moins l'horrible péril nazi qui se profilait à l'horizon.

La Canebière en arrive au croisement avec le cours Belzunce où s'ouvraient les portes de l'"Alcazar", le vieux music-hall de Marseille où ont débuté toutes les vedettes de la chanson, depuis Maurice Chevalier, Fernandel et Ouvrard jusqu'à Yves Montand encore adolescent, et des étoiles de moindre grandeur : Alibert, Reda Caire ... Aujourd'hui, l'"Alcazar" a disparu.

Après ce carrefour, la large voie s'achemine vers le quartier du Vieux Port. Elle est bordée d'immeubles cossus qui me paraissaient énormes et imposants. Au coin du cours Lieutaud et de la Canebière : le Grand Hôtel suivi de l'Hôtel de Noailles, puis des banques, des magasins de luxe.

On remarque, en face, les "Nouvelles Galeries" qui ont brûlé le 28 octobre 1938... Je me remémore le drame auquel j'ai assisté, l'éclatement et la projection vers le ciel de débris, de pierres et d'éléments divers de la rotonde d'angle..., l'affolement des gens, les drapeaux qui s'enflammaient aux balcons de l'Hôtel de Noailles pavoisé où se tenaient les assises du Congrès radical avec la présence des hommes politiques en renom : Edouard Daladier, le taureau du Vaucluse, un autre Edouard : Herriot, maire de Lyon, Camille Chautemps, Yvon Delbos.

La foule des curieux, les pompiers impuissants composaient un tableau sinistre et sensationnel. La carence du matériel des pompiers fut si patente

- je me rappelle des lances qui projetaient de rares jets de quelques mètres de haut - que l'on créa un corps de sapeurs-pompiers qui existe toujours avec sa flottille de bateaux-pompes dont le "flag-ship" est "L'Alerte".

Un bel hôtel à façade de cariatides faisait pendant au Noailles, le "Louvre", affecté ensuite à la Marine Nationale, il est encore debout et a été préservé parce que l'ensemble a été classé monument historique.

Peu après le "Louvre", deux rues perpendiculaires à la Canebière isolent le Palais de la Bourse, édifice précédé d'une volée d'escaliers avec décoration de colonnes qui montent jusqu'au toit et qui ménage, au premier étage, une vaste loggia dont les balcons à pilastres se ponctuent de trois hampes pour les étendards, le drapeau français encadré par deux pavillons aux couleurs de Marseille : grande croix bleue sur fond blanc.

Cette Bourse de commerce revêtait une grande importance dans mon enfance car on y traitait les marchés de graines oléagineuses, de coprah, de tourteaux et d'huiles. Chaque industriel se tenait au pied d'un pilier de l'immense hall intérieur et les courtiers circulaient de l'un à l'autre, carnet d'ordres en mains. La distance entre chaque pilier permettait que fût respecté le secret des tractations. Dès Pâques, tout ce beau monde arborait veston d'alpaga, gilet de piqué et canotier. Après s'être joué des tours pendables par courtier interposé, tout le monde se retrouvait détendu et souriant au Café Riche qui ouvrait ses portes à l'angle des jardins de la place de la Bourse et de la Canebière.

Le Palais de la Bourse qui abrite la Chambre de commerce, une salle de conférences et des bureaux à l'étage, est devenu, au rez-de-chaussée, l'apanage des agents de change et coulissiers qui s'agitent autour de la corbeille. Après la guerre de 1939, le dirigisme indispensable et la création de groupements d'achats abolirent les pratiques de la Bourse de commerce.

Quand on évoque le passé, on doit souligner que la Canebière était l'artère centrale, véritable cordon ombilical de Marseille. C'était sur ses bords que vivait la ville. Cette avenue résumait la qualité dominante de Marseille : port international et porte de l'Orient. Quel brassage de populations ! Quel étalage d'opulence et de luxe ! Marseille était le point de départ de la fameuse ligne de navigation sur l'Extrême-Orient. Les Messageries Maritimes avec leurs prestigieux paquebots : "Pierre Loti", "Champollion" (naufragé à Beyrouth plus tard), "Mariette Pacha", "Georges Philippar" (brûlé corps et biens en mer Rouge à son premier voyage) opéraient la desserte de l'Asie jusqu'à Tokyo.

Des escales de rêve .... Suez, Colombo, Saïgon, Hong-Kong, l'Inde, la Chine, le Japon jalonnaient un périple de trois mois. Ces voyages drainaient une clientèle fastueuse : grands commis de l'Etat, ambassadeurs (Paul Claudel entre autres situe sur un paquebot l'action du "Partage de midi") directeurs d'agences maritimes, banquiers, hommes d'affaires, maharadjahs ou touristes richissimes.

Les liaisons aériennes qui, de nos jours, permettent d'atteindre ces pays lointains en quelques heures n'existaient pas. Les passagers qui arrivaient de Paris ou de Londres, d'Amérique et de toute l'Europe, s'installaient dans les palaces de la Canebière avec leurs innombrables bagages, malles-cabines, cartons à chapeaux, valises, sacs, leurs domestiques et leur suite. Les femmes élégantes, coiffées d'étonnants chapeaux, envahissaient les trottoirs, et se livraient aux derniers achats, suivies de leur femme de chambre, des messieurs portant melon ou feutre se rendaient à la banque, à la Compagnie d'armement ou visitaient leurs connaissances professionnelles.

Ainsi déambulaient des deux côtés de la Canebière des théories de gens en représentation. Tous les costumes se mêlaient, depuis le cafetan de soie, la djellaba de cérémonie, le kimono, les ors des rajahs, les mousselines des ranis hindoues. Les kéfiés, les turbans, les fez, les chéchias distinguaient les ressortissants de pays ensorcelants. Les races diverses se côtoyaient avec leur couleur de peau respective, le jaune des Chinois et des Japonais, le mordoré des Arabes, le cuivre des Hindous, le noir des Africains.

Les Marseillais et Marseillaises, attirés par la curiosité, venaient se promener et soignaient leur mise pour parcourir la Canebière.

Si l'on ajoute que les beaux quartiers se situaient alors à proximité, avec la colonie de grands négociants : allées Léon-Gambetta, boulevard Longchamp, rue Paradis, cours Pierre-Puget, rue Sylvabelle, rue Saint-Jacques, on comprend mieux que tout ce qui comptait à Marseille se retrouvait sur la Canebière, axe privilégié et lieu de rencontre. La circulation plus fluide qu'aujourd'hui était cependant intense pour l'époque. Des automobiles sillonnaient la Canebière, le stationnement devant les grands hôtels était autorisé. Des calèches à chevaux se tenaient à l'arrêt place de la Bourse pour la promenade. Dès la belle saison, des landaus ouverts chargeaient des amateurs de paysages et les cochers faisaient effectuer le traditionnel tour de la Corniche.

La guerre de 1939 a stoppé les voyages au long cours. Les avions ont remplacé les bateaux, les contingences économiques ont privé la Bourse de son rôle capital. Le manque d'argent, le repli durant quelques années des nationaux sur leur pays ôtèrent petit à petit à la Canebière ses prérogatives et son lustre. Elle cessa d'être la plaque tournante de voyageurs aisés bénéficiant de loisirs, de personnages chamarrés et d'éminences en déplacement. Les grands hôtels restèrent fréquentés mais leurs hôtes s'étaient mués en hommes d'affaires pressés, généralement seuls, en étrangers de moindre niveau, représentants ou commis voyageurs davantage occupés de business que d'apparat.

Plus tard, les grandes compagnies hôtelières créèrent des hôtels modernes à l'américaine, sur la mer, ou excentrés comme le Sofitel sur le Vieux Port ou le Concorde Palm Beach. L'interdiction de stationner incitait les clients du Noailles, du Grand Hôtel, du Louvre ou de l'Hôtel de Genève,à émigrer de la Canebière vers les nouveaux établissements dotés de parkings incorporés.

Les belles boutiques, les commerces choisis ne firent plus d'affaires aussi lucratives et suivirent l'exode de la population en direction du haut de la rue Paradis, du Prado, vers la plage. Les quartiers résidentiels cotés poussèrent comme des champignons à l'est... Les immeubles du centre de Marseille animé et traversé par la Canebière, désertés par la bourgeoisie, abritèrent des bureaux. La Canebière demeurait auréolée d'un certain prestige auprès des petites gens qui, descendant des banlieues, abandonnant les faubourgs industriels ou les agglomérations ouvrières, à l'arrière des ports, venaient se plonger dans une ambiance qui leur paraissait cossue et offrant des distractions. Ces nouveaux habitués du samedi et du dimanche ou des "après-dîners" recherchaient un luxe en fait disparu, mais dont le souvenir restait attaché à l'avenue. Il est vrai que subsistaient de grands cinémas et que la communication directe avec le quartier du Vieux-Port, réputé pour ses boîtes, ses cafés, sa vie nocturne servait d'appât. Ces avantages polarisaient encore sur la Canebière des promeneurs, des bandes de jeunes, des touristes égarés qui, eux aussi, se fiaient à la légende plus qu'à la réalité.

Puis, ce fut la guerre d'Algérie et l'arrivée massive des "pieds-noirs" suivie bientôt d'une population maghrébine toujours plus nombreuse, ce qui fit que les "petits blancs" se retrouvèrent avec ceux qu'ils avaient voulu quitter. Les Algérois, les Oranais, les Constantinois de souche française établirent leurs palabres, leurs parties de cartes, en un mot leurs assises, place de la Bourse. Les terrasses furent envahies par des consommateurs d'anisette, l'odeur des merguez fit son apparition et les Marseillais sur leur quant-à-soi se retirèrent de plus en plus, n'empruntant la Canebière que pour aller d'un bureau à l'autre. Les dames de la société évitèrent ces lieux jugés trop plébéiens.

On assista alors à la création du Centre Bourse, complexe commercial avec galeries marchandes. Les boutiques qui avaient résisté sur la Canebière plièrent bagage et se réfugièrent à l'abri de ce Centre qui s'apparente au Forum des Halles à Paris.

Ces dernières années, on a assisté à une colonisation de la Canebière par les Nord-Africains et les Noirs. Le trottoir de droite en se dirigeant vers le Vieux Port fut annexé en premier. Les résidents de la "Médina" que constituent les environs de la porte d'Aix, les abords de la gare Saint-Charles et les habitants des pâtés de vieilles maisons modestes situées en bordure du cours Belzunce et de la rue Colbert traversèrent ensuite la Canebière pour envahir l'autre côté.

Tout naturellement la nouvelle clientèle imposa la modification des commerces : des "Prisunic" ont remplacé les grands magasins, les marchands de tapis ou de vêtements "Au décrochez-moi ça" ont fleuri. Les bijoutiers ont disparu, on ne fréquente plus la Canebière, on la parcourt vite en taxi ou en voiture particulière, on ne s'y promène plus.

Siège de loisirs, rambla ou ring marseillais d'alors, elle est devenue peu avenante, sale, dangereuse la nuit, infréquentable.

Seules les allées de Meilhan retrouvent leur allure d'antan à l'époque de la Foire aux santons.

V

La Corniche

Les vieux Marseillais racontent volontiers que la topographie de la ville a été ratée, lorsque la période d'extraordinaire prospérité que connut la ville durant les cinquante dernières années du XIXème siècle commanda de fixer les grands axes de son développement. On tient responsable de cet échec Paulin Talabot, président du P.L.M. (Paris-Lyon-Méditerranée). Il aimait le site de Marseille et se fit construire un château sur les hauteurs de la Corniche. Ce château en briques rouges et clochetons, imposant et vaste, existe encore. L'entourage d'un grand parc peuplé d'essences méditerranéennes et la vue superbe sur la rade en faisaient et en font toujours une demeure préservée de grand standing.

Perché au milieu des pins, des cyprès et des palmiers, l'édifice était alors en pleine campagne. Paulin Talabot avait choisi un emplacement béni qui l'éloignait du Vieux Port et de son agitation commerciale et mettait quelques kilomètres entre sa résidence et le centre de la ville. Mais voilà... il établissait ainsi un apriorisme de goût et un parti pris social.

Le Marseille composé, à l'époque, de résidences secondaires de vastes proportions - qui devinrent habitations toute l'année - essaima autour de la propriété de Talabot sur les collines boisées qui dominent la Corniche et s'appuient sur les contreforts calcaires qui servent de socle au sanctuaire de Notre-Dame-de-la-Garde. Il n'était donc plus question que les nouveaux ports s'établissent en contrebas des propriétés des nantis.

Ces familles qui constituaient la crème du négoce et de l'industrie avaient jeté leur dévolu sur cette partie de Marseille, elles détenaient la puissance et s'entendirent pour que la construction des nouveaux ports ne vint pas gêner leur environnement.

Les quais, les bassins, la grande jetée et les navires de commerce qui y mouillent, les cales de radoub, les entrepôts, les rails du chemin de fer s'installèrent le long du rivage qui file vers les collines du Rove. Aujourd'hui, les ports s'étirent sur quelque trente kilomètres dans cette direction.

L'aberration due aux préoccupations écologiques ou esthétiques de la grande bourgeoisie eut des conséquences fâcheuses dont l'effet se ressent encore à l'heure actuelle. On décida d'établir pour l'expansion une bande côtière sans hinterland, coincée entre la mer et les escarpements de l'Estaque. La commodité des manoeuvres fut oubliée, les terre-pleins pour la manutention furent gagnés sur la mer, mais leurs dimensions restèrent insuffisantes pour le trafic maritime, ferroviaire, automobile, du premier port français.

Des tunnels dans les roches ont pallié en partie aux difficultés de circulation, mais demeurent les conséquences d'une erreur de conception. Il eût fallu bâtir les habitations et les immeubles en terrasse sur les collines, à l'ouest, et Marseille aurait pu rivaliser avec l'ample beauté d'Alger et le charme de Tanger. En revanche, les darses, les annexes industrielles, usines de transformation, silos, tapis roulants, ponts-levis rotatifs ou à bascule auraient trouvé leur emplacement naturel aux abords de la Corniche et se seraient développés à l'embouchure de la plage qui sert d'aboutissement à la seule voie de pénétration vers l'arrière-pays, la vallée de l'Huveaume. Celle-ci remonte jusqu'à Aubagne, puis à la campagne d'Aix et, plus loin, aux plaines qui conduisent à la Côte d'Azur et à l'Italie d'un côté, à la vallée du Rhône de l'autre.

Les voies de chemin de fer, les routes, se seraient établies à l'aise et l'accès vers l'intérieur en eût été commodément assuré. Marseille aurait dû être programmé à l'envers de ce qui existe.

Quoi qu'il en soit, la Corniche constitue une longue promenade qui épouse toutes les sinuosités du rivage et qui offre à ceux qui la parcourent un panorama exceptionnel. Les villas étagées dans leurs bosquets de verdure, les maisons isolées dans leurs jardins s'accrochent en espaliers sur les hauteurs. La voie elle-même qui serpente tout contre la mer découvre à chaque tournant des vues radieuses. La mer, souvent d'un bleu intense, sert de support à des îles qui semblent flotter, tels d'énormes vaisseaux ou des cétacés géants : Pomègues, Ratonneau, le Château d'If.

Ces îles sont d'une blancheur de granit avec leurs ravins ou leurs failles en veines bleues. Aucune végétation, l'aridité de leur aspect, leur anatomie d'os, leurs formes crantées en montagnes dressées communiquent une impression de monuments minéraux, comme si un sculpteur titanesque avait taillé ces carcasses calcaires. Elles mirent leur ivoire dans un tapis mouvant aux reflets glauques de pierres précieuses.

Les îles forment l'arête centrale de la rade. Au-delà et en face de la Corniche se distinguent les montagnettes de la côte nord de Marseille depuis le Rove jusqu'à Caro en passant par Carry-le-Rouet et Sausset-les-pins. Ces lointains qui prennent souvent des teintes lavande se terminent par la pointe de Caro. L'autre extrémité du croissant délimitant le golfe est composée de deux îlots déchiquetés à souhait : Maire et Tiboulen de Maire. Le plus imposant des deux est sans conteste Maire dont le faîte hérissé imite l'échine de quelque dinosaure, le plus petit semble à la remorque de l'autre comme un "youyou" traîné par un yacht de gros tonnage.

"Les Goudes", point extrême du rivage marseillais, est séparé des îlots par un chenal étroit, ce qui, de loin, donne l'illusion que Maire et Tiboulen font partie intégrante de la côte. "Les Goudes", village de pêcheurs, ceint d'un paysage lunaire de roches blanches, gît au pied du massif de Marseilleveyre qui annonce déjà les calanques entre Marseille et Cassis.

Si l'on quitte les Goudes en tournant le dos au large, on revient vers l'agglomération marseillaise proprement dite, on retrouve la plage, la Corniche et on aboutit au Vieux-Port. Le demi-cercle est ainsi bouclé.

Une crique s'ouvre sur la Corniche et s'enfonce de quelques centaines de mètres à l'intérieur du tissu urbain, il s'agit du "Vallon des Auffes". Rien de plus insolite et de plus charmant que ce doigt de mer qui s'insère dans la ville. Bordé de maisonnettes et de cabanons peints de couleurs vives, ce port miniature s'abrite derrière le pont de la Fausse-Monnaie. Les arches délimitent les perspectives de la rade. On se trouve tout à coup dépaysé, on s'imagine découvrir une anse corse ou un recoin de Naples.

Des trattorias, des pizzerias, installées dehors dès Pâques, accueillent une clientèle jeune dont les éclats de voix tranchent sur les pincements de guitares ou les trémolos des mandolines.

Des chanteurs ambulants viennent donner la sérénade. On rit, on accompagne à mi-voix la rengaine, l'ambiance est gaie. Sur les rives pentues du Vallon, les pêcheurs tirent avec des cabestans leurs barques qui, disposées en peigne, forment le plus joli éventail de couleurs que l'on puisse rêver.

Soudain, une grosse embarcation ventrue passe sous le pont et vient se ranger dans la calanque, c'est le retour de la pêche, le moteur qui cogne au ralenti s'essouffle jusqu'à ce que l'on perçoive la descente des ancres dans un cliquetis de ferraille ;

puis les paniers de poissons passent de main en main jusque sur le quai.

La clientèle aisée qui fréquente ce lieu charmant, hante les restaurants chers et d'abord "Chez Fonfon", roi du Vallon, personnage pagnolesque, haut en couleur, qui concocte une des meilleures bouillabaisse, de Marseille. D'autres poussent jusqu'à l'entrée de la calanque, dépassent le pont et vont dîner à "L'Epuisette" où une terrasse en bois formant balcon surplombe la mer. On y déguste des loups grillés, des langoustes recueillies à l'instant dans le vivier en sous-sol qui communique directement avec l'eau. Par les belles soirées de juillet, on profite au maximum de la brise de mer qui rafraîchit, de la vue sur la rade baignant dans la clarté laiteuse de la lune.

On devine, en écrans plus opaques, les îles. Derrière soi, les lueurs des établissements populaires du Vallon avec l'illumination des terrasses, les séries de lanternes vénitiennes campent un décor de fête italienne.

Un autre golfe minuscule, l'anse du Prophète, sert d'abri à quelques plaisanciers et dispense une portion étroite de plage. Une jetée coupe les effets des lames et permet la baignade lorsque le mistral souffle.

La Corniche redescend en pente douce vers la mer. Ce rivage de sable pollué par l'Huveaune présentait un triste spectacle lorsque j'étais enfant. Deux ou trois établissements de bains construits en bois, rongés très vite par les embruns, avaient piteuse allure, ils se composaient de quelques rangées de cabines sans confort, sentant l'eau de Javel, le moisi et les relents salins. Des escaliers permettaient de gagner la mer, des cordes tendues entre des piquets permettaient de s'accrocher, et guidaient la marche dans l'eau, les pieds enfonçaient dans une boue nauséabonde.

L'Huveaune, petite rivière servant d'égout depuis sa source dans le massif de la Sainte-Baume, charriait des immondices et amenait les déjections, les contenus des tinettes et autres saletés jusqu'à la plage.

Le bain devenait un acte téméraire, on risquait d'attraper toutes les maladies possibles. Depuis une quinzaine d'années, la Municipalité a entrepris de gigantesques travaux. Les déblais sortis des tunnels du métro en construction ont permis de réaliser des terre-pleins aux formes harmonieuses, situés à l'intérieur de jetées de pierre. Les espaces ainsi remblayés ont été garnis de gazon.

Les vétustes "bains de mer", tel le Tapis de Sable que nous fréquentions en famille deux fois par été, ont disparu.

Ce rivage aménagé, devenu salubre, a tenté les promoteurs immobiliers. Des immeubles en crépi rose ou ocre, aux toits de tuiles, découpés en blocs, obéissant à des décrochés bien conçus, abritant des jardins ou se groupant autour d'un patio, ont été édifiés. Le nouvel ensemble a été apprécié et de nombreux Marseillais sont venus s'y établir. Des restaurants, des cafés, des bars d'une certaine élégance se sont installés, donnant un attrait réel à ce quartier de la Plage.

Les Marseillais et Marseillaises, fiers de leur "Plage", viennent se promener et jouir des couchers de soleil admirables sur le golfe. Les jeunes générations ne peuvent imaginer ce qu'a remplacé le nouvel agencement. Ils ne peuvent se rendre compte - ne l'ayant pas connu - de la laideur, de la déshérence qui régnaient en ces lieux, il n'y a pas si longtemps.

VI

Le Prado

L'avenue du Prado comporte deux tronçons en équerre, à peu près égaux, qui se déploient sur quelque quatre kilomètres.

La première partie commence à la place Castellane où s'élève la fontaine Cantini, nom d'un mécène marseillais qui la fit s'ériger. On finit par s'habituer à ce monument laid, à la fois point de repère géographique et témoin des décennies : une grande colonne de pierre blanche se dresse au milieu d'un bassin orné de statues et de jets d'eau, et se termine au "Rond-Point" qui sert de charnière entre les deux axes du Prado.

La largeur de cette voie est étonnante quand on songe à l'époque de sa percée : une route macadamisée à quatre voies s'étend sur toute sa longueur. Elle est bordée de larges trottoirs ombragés par trois rangées de platanes. Au-delà des trottoirs, des contre-allées permettent de canaliser le flot incessant des véhicules.

Lorsque les platanes centenaires - ils le paraissaient déjà dans mon enfance - sont feuillus, ils forment des voûtes vertes, profondes et ombreuses. Bien qu'ils soient toujours taillés sévèrement dès le mois d'octobre, ils sont atteints depuis quelques années d'une mystérieuse maladie et meurent les uns après les autres. On les remplace par des micocouliers que l'on espère plus résistants. Il n'empêche que la beauté majestueuse du Prado en est affectée. Les essences nouvelles, pour l'instant d'une hauteur modeste, ne peuvent rivaliser encore avec les frondaisons gigantesques que l'on connaissait.

Je me souviens de l'automne avec l'amoncellement des feuilles mortes. Les ouvriers municipaux formaient des tas et y mettaient le feu. Une âcre odeur de fumée se répandait, associée pour moi à la prochaine rentrée scolaire.

En octobre, arrivaient des coupeurs d'arbres qui, avec de bizarres faucilles montées sur des manches, élaguaient les tiges et les rameaux avant de monter sur des échelles pour s'attaquer, avec des scies et des cordes, aux branches maîtresses qui tombaient encore gouttantes de sève, tandis qu'un pollen jaunâtre échappé des boules cotonneuses flottait dans l'air.

Pendant l'hiver, les platanes s'alignaient comme des squelettes noueux dressant leurs moignons vers le ciel.

Du Rond-Point, le Prado oblique à angle droit vers la mer et finit à la Plage. De mon temps, il débouchait sur une étendue circulaire où tournaient les voitures. On a élevé là, il y a quelque vingt ans, une copie du David de Michel-Ange qui se détache sur le bleu de la rade.

La première partie du Prado a toujours été plus commerçante, moins chic que l'autre. Prenant sa source dans la ville, ce voisinage lui nuit. De vieux immeubles peu luxueux se serrent des deux côtés. Les rez-de-chaussées sont souvent occupés par des magasins ou des locaux commerciaux, dont beaucoup d'agences automobiles. Les habitants appartenaient et appartiennent toujours à la petite bourgeoisie. Les choses changeaient avec l'intersection du boulevard Périer, et le standing s'élevait en se rapprochant du Rond-Point. Quelques belles villas précédées de jardin faisaient leur apparition, mais leur allure et leurs proportions se ressentaient de la promiscuité avec l'hôpital Saint-Joseph (construit grâce à la charité de grandes familles marseillaises groupées en association d'intérêt public) et surtout la chocolaterie Mouren. De longs murs couleur chocolat percés de fenêtres aux vitres dépolies formaient une masse usinière, et peu avenante. Cette obturation n'empêchait pas que filtre, comme suintant des façades, une odeur de cacao et de sucre chauffé qui m'enchantait lorsque je me rendais avec ma gouvernante jusqu'au parc Chanot, vaste jardin dont la grille en fer forgé délimite en arc de cercle une portion du Rond-Point.

Cet espace vert, peuplé de petits palais et d'édifices divers, servait de cadre aux Expositions. Parmi elles, l'Exposition coloniale a laissé un souvenir d'exotisme fastueux aux Marseillais. Le parc Chanot est maintenant réservé deux fois l'an à la Foire de Marseille. C'est dans son enceinte que se dressent les bâtiments de la station régionale de radio et de télévision.

Lorsqu'on empruntait la deuxième partie du Prado, on entrait dans le royaume de l'opulence avec l'apparition de vastes demeures entourées de jardins. L'engouement des Marseillais pour ce quartier débuta après la guerre de 1914. Avant, c'était la campagne. Mon grand-père maternel s'étonnait que son beau-frère allât s'enterrer si loin. La grande villa était pourtant superbe. Les architectes d'alors se livrèrent à toutes les fantaisies : des chalets suisses à superstructures en bois voisinèrent avec des maisons normandes à gemmages, des palais d'inspiration mauresque côtoyèrent des "hôtels" à toit d'ardoises. Des petits châteaux 1900 s'insérèrent au milieu de maisons basques ou de pavillons "grand genre" qui, s'ils empruntaient les formes et le matériau de leurs modestes répliques de la banlieue parisienne, les surclassaient par l'orgueil de leurs immenses perrons et leurs verrières qui méritaient bien le nom de "marquises", d'adjuvants propres à souligner leur coût élevé et la position prééminente de leurs propriétaires.

Avant 1939, les deux rives du Prado ne comportaient aucune enclave professionnelle. Les consulats alternaient avec les habitations de la gentry. Malheureusement, l'Huveaune proche entraînait une infestation de moustiques.

Du temps de ma jeunesse, on pouvait attribuer chaque propriété à une famille. Des clubs selects, le "Tennis Club" et le club hippique "Le Manège" s'étaient créés en deuxième ligne, derrière le paravent des villas.

Sur le côté gauche de la deuxième allée du Prado se dirigeant vers la mer, s'ouvrait et s'ouvre toujours une large avenue qui conduit au parc Borély.

La famille Borély, enrichie dès la fin du XVIIIème siècle par le commerce avec le Moyen-Orient fit élever, au milieu de plusieurs hectares, un château. Celui-ci tient du manoir provençal et du castel Louis XVI. Coiffé de tuiles marseillaises rondes, il étale une façade régulière dont le centre est couronné par un fronton triangulaire.

Une vaste terrasse au rez-de-chaussée, ceinte de colonnettes torses, surplombe un bassin à statues. Sous le plan d'eau, décline en pente douce une perspective de jardins à la française délimités par une double rangée d'arbres impeccablement taillés. A droite, les essences rares poussent à foison, le paysagiste a cependant domestiqué cet apparent désordre pour le traiter à l'anglaise avec quelques centres d'intérêt : un petit lac où nagent des cygnes et des canards et au bord duquel un "Pavillon d'Ermenonville" provençal permet la dégustation.

On achetait à une brave dame qui cumulait le rôle de préposée aux toilettes et de vendeuse, des sacs de pain rassis ou de légumes coupés en morceaux. Les enfants que nous étions n'auraient jamais manqué le rite. Pour quelques sous, on alimentait les cygnes et les canards. Nous guettions l'instant où le long col blanc se détendait avec grâce et trempait son bec orangé pour happer le croûton qui flottait. Les canards, moins élégants, piquaient du nez dans l'eau avec méthode et semblaient grignoter ce que leurs seigneurs les cygnes avalaient d'une bouchée, sans laisser de miettes ni de traces.

Plus loin, régnait la "Roseraie", but de visite au mois de mai quand elle est dans toute sa splendeur. Elle existe toujours.

Des arceaux, des ombrelles de fer permettaient aux rosiers de s'épanouir, de former des cascades, de dégringoler en grappes thé ou safran, de jaillir en bouquets, de retomber, de friser, de s'étaler... Des étiquettes fichées sur des tiges métalliques permettaient de repérer les différentes espèces de roses. Je me souviens des noms mystérieux lus sur les cartouches qui me faisaient rêver : la "Coty" (nom du parfumeur), la "Madame Herriot" (comme la dame, célèbre grâce à son mari, et qui était loin des charmes de la fleur !), la "Miss Glower (orange aux cils jaunes), la "Princesse Galitzine" (thé).

A l'opposé, en bordure de mer s'étend, aujourd'hui encore, le champ de courses avec ses tribunes en crème fouettée. Tous les dimanches durant la saison, les turfistes envahissent encore le champ de courses. Tournant le dos à la mer et à ses mirages, une foule exubérante n'a d'yeux que pour les casaques et les toques des écuries du cru, quelquefois Son Altesse le prince Aga Khan, ou Boussac ou Rothschild envoyaient quelques vedettes de leur écurie pour rehausser le spectacle et donner aux habitués marseillais une illusion de rivaliser avec Auteuil ou Chantilly.

Le Prado se termine à la mer : à droite, la Plage et plus loin la Corniche; à gauche la voie qui mène jusqu'à la Pointe-Rouge, la Madrague, puis les Goudes et Callelongue.

VII

Le centre ville

Curieusement, Marseille est une ville maritime qui n'est pas tournée vers la mer ; on ne se trouve en contact avec elle que sur son pourtour extérieur, sauf dans l'enclave du Vieux-Port où l'eau pénètre jusqu'au bas de la Canebière. Si on ajoute qu'une rangée de collines, depuis l'Estaque jusqu'aux Goudes, isole la rade du complexe urbain, on comprendra que seuls les habitants d'un versant de la Corniche voient la mer.

Au-dessus des ports, il y a peu d'habitations puisqu'il s'agit d'une zone industrielle. Les Marseillais vivent donc dans une agglomération sans échappée sur l'élément pourtant magnifique qui les entoure.

A Gênes, la ville descend en strates d'immeubles vers les darses comme à Alger. A Bône, à Sfax, à Odessa ou à Tanger le côtoiement de la mer obsède, à Valence on la pressent, à Malaga on y baigne ainsi qu'à Bastia et à Ajaccio. Ici, aucune concession, la ville renfermée sur elle-même pourrait très bien se situer à plusieurs kilomètres à l'intérieur.

Des rues étroites, pour la plupart sombres, s'enchevêtrent, se mêlent dans le désordre. Peu d'artères rectilignes, peu de croisements symétriques, peu de perspectives dans ce lacis de voies ingrates. Cependant, se dégage de cette laideur un charme certain dû, je pense, à l'animation, la couleur, la vivacité des passants. Le centre prouve une vitalité toute méditerranéenne, on ne peut ignorer qu'on se trouve dans un port, même si on ne voit pas l'élément liquide. Ce brassage de populations, cette gaîté extravertie, cette gouaille populaire me semblent bien affadis de nos jours. Est-ce parce que je pare de pittoresque et enjolive les souvenirs de mon adolescence ?

C'est possible. Etais-je à cette époque plus attentif à une ville qui était encore pour moi sans comparaison ? J'avais si peu vu du vaste monde !

Etais-je enclin à plus d'amour et d'indulgence que je ne le suis maintenant ? Etais-je nourri, dans ces années, d'une culture axée sur Marseille ? C'est probable. Je me récitais les vers de Brauquier, ce poète commissaire de bord aux Messageries Maritimes : "Cent mètres de la rue Beauvau, vous possédez le monde !" Je lisais avec passion tout ce qui pouvait alimenter mon enthousiasme : Suarez, Cendrars, Albert Londres...

Il n'en reste pas moins que je constate un grand changement. La ville ne se séparait pas comme aujourd'hui en Méridionaux et Maghrébins, avec une frontière qui s'instaure, se précise, même si elle n'est marquée nulle part. Parcourir les rues, c'était côtoyer des marins de toutes les parties du globe, des Noirs d'Afrique et des Jaunes de l'Empire, des Malgaches, des Scandinaves à barbe rousse en virée depuis quelque cargo consigné ; chez Eltveltd, des Anglais huppés en ballade débarqués de la P. & O. ou de la Cunard, des Italiens qui avaient fait souche, des Grecs, des Levantins, des turcs.

Que sont devenus tous ces spécimens de races diverses qui apportaient, chacun, leurs habitudes, leurs manières de se vêtir, leurs trognes d'aventuriers ou leurs visages dorés d'Asiatiques ? Je ne sais pas, peut-être restent-ils à leur bord, peut-être ne s'aventurent-ils plus sur le pavé de Marseille, qui a perdu ainsi beaucoup de son attrait.

Les tramways brinqueballants, ferrailleurs, zigzaguant, ont disparu. Chargés de grappes humaines aux heures d'affluence, ces tramways étaient une curiosité. Les jeunes voyageaient sur les tampons au risque de se faire broyer les membres entre les voitures qui s'entrechoquaient. Des chapelets de corps dégorgeaient des portes sur les marchepieds. Dès le mois de mai, l'administration accrochait à la motrice des wagons ouverts. Quoi de plus plaisant que de se promener ainsi éventé par le courant d'air, entraîné par une vitesse toute relative. Les gens se pavanaient sur leur siège comme dans une loge de théâtre...

Dans les tramways et autour des tramways, se tissaient des conversations hachées, des appels entre les clients et ceux qui attendaient, on riait, on s'interpellait, on lançait des lazzi, on entendait des bribes de patois, le côté macho du Méridional s'épanchait, on lorgnait les mignonnes, on s'en prenait aux avantages plantureux des matrones, on échangeait avec le "nervi" ou le "gari" des propos salaces.

Les déraillements des perches donnaient lieu à des scènes inénarrables : cela commençait dans un feu d'artifice d'éclairs bleus qui jaillissaient au-dessus de la voiture... la foule criait et apostrophait le conducteur qui gueulait, d'où dispute et tapage. Le receveur des billets descendait, il empoignait le fil et s'efforçait, au milieu des plaisanteries ou des encouragements, à remettre la roulette sur le câble électrique. Il n'y parvenait pas, d'où crépitements, étincelles et nouvelles bordées d'injures. La circulation était bloquée, on s'attroupait, l'employé de plus en plus énervé tremblait sous l'effort. Le tumulte, le ridicule dont il se sentait l'objet l'inhibaient, nuisaient à la précision. La perche se dandinait, frottait le fil, se mettait en travers, le diable semblait s'en mêler. Le conducteur intervenait à son tour. Moins tendu que son compagnon, il n'était pas rare qu'il redressât la situation et engageât d'un seul coup de poignet et d'une traction sur la corde, la satanée roulette dans son rail. Les applaudissements éclataient pendant que, l'air penaud, le receveur regagnait sa voiture. On repartait jusqu'au prochain aiguillage aérien.

Une des tristes spécialités des Marseillais à travers les âges est leur iconoclastie. En effet, que reste-t-il des merveilles du passé ? Rien ou à peu près rien ! L'énumération est vite faite : l'abbaye de Saint-Victor, la Mairie, la Maison Diamantée, quelques beaux hôtels dans le centre ville comme l'actuel musée Cantini, c'est tout. Aujourd'hui, on peut ajouter les fouilles derrière la Bourse, non exhumées quand j'étais jeune, et l'Hospice de la Charité parfaitement inconnu avant sa restauration. Cet ancien lazaret, du plus pur XVIIème siècle avec ses galeries couvertes en arcades à la Piranesi et sa chapelle au dôme signé Puget n'a été découvert par les Marseillais que tout récemment. Auparavant, ce monument englué dans les vieux quartiers, squattérisé par des familles pauvres, laissé à l'abandon et à la crasse, n'était signalé sur aucune notice ou plan de Marseille. Personne n'aurait songé à s'y rendre. Grâce à d'importants travaux, cet ensemble imposant figure aujourd'hui parmi les curiosités de la ville. Les salles voûtées qui servaient de cryptes forment un cadre idéal pour y organiser des expositions.

Trois ou quatre sites à admirer, c'est maigre ! Notre voisine aixoise s'enorgueillit de dizaines de palais ou d'hôtels, de places délicieuses comme celle des Quatre Dauphins ou d'Albertas, du cours Mirabeau qui est somptueux et de plusieurs églises, dont Saint-Sauveur la cathédrale, et Saint-Jean-de-Malte.

Pas de beaux tableaux à Marseille, pas de statues valables dans les églises, des chromos bitumeux dans le goût italianisant de la peinture religieuse, alors qu'on peut admirer à Aix "la décollation de St-Mitre", "le Buisson Ardent" (à Saint-Sauveur), l'admirable "Annonciation de la Madeleine", et encore ne peut-on tout citer . N'oublions pas, oeuvres maîtresses : la Cour de l'archevêché, le

Musée des tapisseries, le cloître Saint-Sauveur, les vieilles facultés, le Pavillon Vendôme .

Une fatalité semble avoir conduit les Marseillais à se défaire de tout leur passé, surtout quand celui-ci pouvait prétendre à la beauté, à la solennité, à l'harmonie.

J'ai toujours pensé que, ville de négoce, Marseille se refusait à montrer son argent - il n'y a qu'à voir comment vivent les grands bourgeois pour être fixé - qu'elle répugnait au décorum, qu'elle se voulait seulement commerçante et discrète. Le siège des grandes affaires, même à l'apogée devait faire sourire les étrangers qui les visitaient. Ils se demandaient sûrement dans quel coupe-gorge ils s'aventuraient, ou quelle pouvait être l'obstination de ces nantis pour s'entourer de cadres vétustes, poussiéreux, à la limite du délabrement.

Font exception à la règle quelques coins préservés. Le cours Pierre-Puget a belle allure avec sa double rangée de platanes, sa chaussée bordée d'immeubles élégants et cossus. La place Estrangin, toute de guingois, instaure un élément de bon ton régional malgré sa vilaine fontaine tarabiscotée. Joliment ombragée de marronniers, elle est cernée de bâtiments pompeux et médiocres, la Banque de France, la Caisse d'Epargne. Le boulevard Paul-Peytral qui débouche sur la place Estrangin continue en biais le cours Pierre-Puget. Les frondaisons aident à cacher les façades, tandis que la vastitude de l'artère avec une large allée piétonne centrale communique de la noblesse à l'ensemble.

Les banlieues immenses sont en revanche séduisantes. Elles portent des noms qui sont tout un programme : la Rose, la Cabucelle, les Arnavaux, Saint-Tronc, Saint-Julien, Saint-Barnabé, Chateau-Gombert (cher à Pagnol), la Treille, le Lapin-Blanc, Bonneveine... Certains quartiers entre la périphérie et le centre chantent à l'oreille : la Belle-de-Mai, Plan-de-Cuques, le Cabot, Vaufrèges, le Roucas-Blanc.

La séduction de ces petits villages, de ces hameaux qui essaiment autour de Marseille, tient à leur composition immobilière : ici, c'est le règne du cabanon. Au long de ruelles qui sentent encore la campagne s'égrènent des séries de petites maisons basses, claires, au toit de tuiles, précédées d'un minuscule jardinet où poussent à l'envi les troënes, les fusains, les pittosporums. Chacune possède son arbre : platane, tilleul, micocoulier, mûrier, quelques planches de légumes ou quelques bordures de fleurs vivaces.

Le panache solitaire et ébouriffé d'un palmier vient donner, de loin en loin, une note orientale, le fût sombre d'un cyprès rappelle la Grèce. Les vérandas chargées de glycines, les auvents aménagés avec les moyens du bord permettent le dîner en plein air, le bavardage des femmes, la fraîcheur à l'heure du "pastis" ou la partie de cartes entre voisins sur la table de jardin ripolinée en vert.

Toutes ces banlieues s'étirent ainsi, de chemins en traverses, gagnés par les espaces ruraux. Les champs, les potagers s'intercalent de plus en plus entre les cabanons jusqu'à ce que la rangée se termine sur une aire d'herbes folles où le mistral époussette les genêts, les roses trémières venues spontanément - une graine emportée - les lentisques et tout ce fouillis de végétaux provençaux odoriférants, gris et vert, jungle aromatique d'où s'élève le fenouil-roi.

L'absence de monuments célèbres, la réputation bien ancrée "qu'il n'y a rien à voir" détournent les touristes de Marseille.

Dans le temps, seuls les voyageurs qui arrivaient à la gare Saint-Charles et qui devaient embarquer sur les paquebots passaient quelques heures ou un couple de jours à Marseille. Aujourd'hui, tout le monde descend à Marignane et en repart aussitôt par un autre avion ou se dirige vers la Côte d'Azur, Aix et l'arrière-pays.

Marseille est un cul-de-sac, on n'y vient pas de la terre. Les gens du nord, les Parisiens entre autres, les Belges, les Hollandais, les Allemands, les Suisses ne dépassent pas l'intersection des autoroutes vers Marseille. Ils s'en vont à la hauteur d'Aix-en-Provence, soit vers Nice d'un côté, soit vers Arles et la Camargue de l'autre. Certains, plus raffinés, visitent Aix, le Lubéron, les Alpilles, en un mot la Provence.

Marseille n'est pas la Provence.

Si, d'aventure, quelque hurluberlu emprunte l'autoroute Aix-Marseille, c'est pour s'offrir une bouillabaisse sur le Vieux Port, monter à Notre-Dame-de-la-Garde et s'étonner qu'on ne puisse joindre les fameuses calanques depuis Marseille. Il repart, écoeuré par la mauvaise qualité du repas dans un des restaurants "pièges à touristes" du Vieux Port, il se plaint de la circulation infernale, il n'a rien vu, rien jugé... Pas de coucher de soleil au Vallon des Auffes, pas de tour de Corniche au clair de lune, pas de promenade aux Goudes ou à Callelongue où il aurait été dépaysé par la sauvagerie du lieu, par l'aridité des rochers blancs et bleus, par la vue sur la baie plus belle que celle de Naples... Tant pis ! C'est une fatalité qui nous poursuit : on ne vient pas à Marseille, on y passe, pressé de s'enfuir.

Seuls ceux qui l'abordent par la mer réalisent l'extraordinaire équilibre de cette ville qui, si on y regarde de plus près, est unique par sa position, étendue, alanguie entre la mer et un entourage de montagnes pelées, plus grecques que celles qui cernent Athènes, plus altières aussi, plus mystérieuses, séries d'Olympe, refuge des dieux.

VIII

Marseille isolée

Lorsque Fos-sur-mer fut mis en chantier, les Marseillais nourrirent les espoirs les plus fous. On imaginait déjà les retombées économiques, financières, hôtelières qui allaient pleuvoir du ciel comme la manne pour les Hébreux !

Les supputations et les commentaires alimentaient les conversations. Au fur et à mesure que ce complexe portuaire à dimension internationale prenait forme, mes compatriotes se voyaient déjà envahis par les ingénieurs, les techniciens, les hommes d'affaires, les banquiers, les assureurs venus de tous les coins de l'hexagone et même du monde pour profiter des possibilités infinies de cette énorme aventure.

Marseille, en tant que ville, fut court-circuitée. Les passagers fort nombreux des vols qui aboutissaient à Marignane gagnaient Fos directement dans les "Sofitel", "Novotel", "Frantel" ou autres hôtels construits auprès de l'aéroport. Ils prenaient leur repas sur place ou dans des établissements le long de l'étang de Berre. Il n'y eut pas de modifications aussi modestes soient-elles, dans les statistiques d'occupation des hôtels à Marseille, ni dans celles recensant la fréquentation dans les restaurants de la ville.

Les firmes multinationales ou les trusts français gigantesques n'ouvrirent pas de comptes dans les succursales de banques marseillaises. Tous les mouvements de fonds et toutes les opérations - et de quelle ampleur ! - se traitèrent directement avec les sièges à Paris. Il en fut de même pour les assurances. Certaine banque crut bon d'ouvrir une agence à Fos, elle ne recueillit que quelques dépôts de salariés ou de cadres.

Une compagnie marseillaise d'assurances tenta aussi sa chance. Son organisation dans le complexe de Fos n'eut à collecter que des polices de particuliers et son chiffre d'affaires n'atteignit jamais celui d'une agence quelconque, à Martigues ou Berre par exemple.

Les grands brassages d'argent entraînés par la construction d'usines énormes, d'aménagement de quais et d'intenses travaux publics, passèrent sous le nez des Marseillais.

Seules des entreprises de sous-traitance bénéficièrent de contrats ; les maîtres d'oeuvre de ces réalisations à grande échelle laissèrent des miettes à ceux qui, sur place, pouvaient apporter un concours.

Les Marseillais profitèrent-ils de leur situation geographique et de la mode de la décentralisation qui s'annonçait pour frapper en haut lieu aux bonnes portes ? Considérèrent-ils que leurs sociétés n'avaient pas la dimension pour lutter contre la concurrence des "mammouths" ? Quoi qu'il en soit, ils furent déçus,mais n'en conçurent pas pour autant de rancoeur. Avant tout, ils étaient commerçants, rodés aux échanges plutôt qu'à se risquer dans des conquêtes industrielles qui auraient exigé d'eux des investissements lourds et une peur panique de perdre leurs billes.

On retrouve dans la configuration de la ville le reflet de ces comportements : pas de clinquant, pas d'outrance, ne jamais dépenser plus qu'on ne gagne... le crédit est néfaste ; économiser et réinjecter dans les entreprises, surtout familiales, voilà le salut.

Alors, comment imaginer dans cette ville des mécènes, des bâtisseurs, des amateurs de luxe ? Pas de palais comme à Venise, république de marchands, pas d'églises votives payées des deniers de grandes familles et entretenues par les héritiers comme à Gênes, pas de collections prestigieuses de peintures et d'objets d'art comme celles réunies par les grands armateurs grecs, pas de musées bénéficiant des donations de richissimes hommes d'affaires comme à Anvers ou à Rotterdam - Borély et son fonds égyptien reste l'exception. Une vieille dame, Madame Grobet-Labadie, a bien laissé à la Ville un petit hôtel particulier dans le quartier Longchamp, fort bien meublé avec quelques toiles valables... mais nous sommes à des lieues de la Frick Collection de New-York ou du Kroller-Muller en Hollande. La charmante demeure de cette bourgeoise ne peut rivaliser qu'avec l'intérieur d'une famille qui se serait entourée de jolies choses. Encore faut-il saluer cette unique démarche.

Les frères Brunon avaient, pour leur part, consacré leur vie à la recherche d'uniformes et de tenues militaires des époques passées. Ils réunirent une impressionnante collection. Je me souviens qu'étant enfant, j'accompagnais ma mère chez la soeur des Brunon qui était une de ses grandes amies. Dans un immeuble sévère et vaste, rue Consolat, dormaient sous des nuages de D.D.T. au milieu d'une odeur entêtante de naphtaline, des centaines de vareuses et vestes, de pantalons, de houseaux, de bottes, de ceinturons et attributs divers, tous en relation avec l'Armée.

Ces "mordus de l'uniforme" couraient les brocanteurs, les chiffonniers, les antiquaires pour compléter d'un détail une tenue de hussards sous l'Empire ou celle d'un garde civil sous Louis-Philippe. Ils dépensaient des trésors de patience pour mettre enfin la main sur un bouton authentique ou un baudrier qui manquait à leur panoplie!

Il n'y avait jamais personne dans ce musée privé ! En ce qui me concerne, j'étais fasciné ; j'appréciais surtout les mannequins habillés et le grand cheval naturalisé qui trônait dans le hall.

Les Brunon, délaissés par les Marseillais, finirent par s'entendre avec l'Etat et cherchèrent auprès du Musée de l'Armée les subsides qui leur permettraient de continuer à s'approvisionner en pièces rares devenues de plus en plus chères.

On mit à leur disposition le château de l'Empéri à Salon-de-Provence. Aujourd'hui, le musée du costume a déserté Marseille pour cette petite ville de l'intérieur.

Le Musée Cantini occupe un des rares hôtels particuliers qui subsistent dans le centre ville, un immeuble Louis XVI, d'assez belle allure, rue Grignan à deux pas de la rue Paradis. On y organise des expositions de peinture. Les collections permanentes sont assez décevantes. La Mairie, sous la houlette d'adjoints aux Beaux-Arts plus préoccupés de modernisme à tout crin que de valeur esthétique, achète des toiles bizarres. J'ai noté que ce musée en plein Marseille ne comportait aucun tableau de peintres provençaux, passés ou contemporains. Le seul intérêt de Cantini réside dans une section consacrée aux faïences de Marseille. Quelques généreux donateurs, dont Polype Zafiropoulo et les Zarifi, achalandèrent le musée en se privant de quelques pièces intéressantes, mais là encore, rien d'exceptionnel.

On pourrait croire à me lire que je n'aime pas Marseille, ce serait une grande erreur. Je constate l'absence de monuments, de reliques du passé, de belles églises, de musées emplis de merveilles mais je n'en apprécie pas moins pour autant la vie de la rue, le climat, sa configuration même et surtout son paysage. Aussi peu reluisantes soient-elles, je prise ces maisons marseillaises toutes en hauteur, à façades étroites à trois fenêtres, coiffées de leurs toits de tuiles "à la génoise", avec leurs volets de bois et, au détour d'un îlot peu attirant, la magie d'un coin délicieux : la statue d'Homère sous un grand platane, une fontaine ombragée, des escaliers... Il y en a partout des escaliers à Marseille, la ville est construite sur des collines comme Rome, ils sont pittoresques dans leur simplicité avec leurs rambardes de fer noir, leurs marches usées, leurs paliers où se poursuivent des chats, où des amoureux "seuls au monde" s'embrassent, où des papiers gras emportés hors des poubelles par le mistral, se plaquent le long des barreaux.

Les "Halles", au coeur de la ville à un jet de pierre de la Canebière, rutilent encore des éventaires de légumes et de fruits... une foule piailleuse, forte en gueule, entretient l'ambiance avec les apostrophes des maraîchers aux clients, les réflexions cocasses, les réponses à tue-tête des chalands, tout se passe dans la rue : intimité, gentillesse, drôlerie.

Des marchands spécialisés offrent les herbes aromatiques de Provence : le basilic (pistou) nécessaire à la cuisine, le thym, le romarin, les petits piments doux pas plus grands que le pouce ; d'autres se cantonnent dans la lavande présentée en bottes ou en sachets.

Ici, rien n'a changé depuis le XIXème siècle, pas même les vêtements : les grosses femmes (pourquoi ces marchandes sont-elles toujours si fortes ?) enveloppent leur opulente poitrine dans des châles superposés en laine noire ou violette, croisés devant et attachés par derrière à la taille ; on n'aperçoit pas leurs jupes dissimulées par les comptoirs. L'été, avec la chaleur les châles disparaissent et les seins énormes se moulent dans quelque caraco fleuri.

Tout à côté du marché, se dresse la gare de l'Est où un unique et dernier tramway démarre sous un tunnel pour ne ressortir à l'air libre qu'un kilomètre plus loin, au boulevard Chave après avoir cheminé sous la ville. Ce tramway conduit au cimetière Saint-Pierre : les Marseillais et plus encore les Marseillaises ont un culte très méditerranéen des morts. Il n'est pas rare de voir une femme endeuillée s'engouffrer dans une voiture, encombrée par un arrosoir, une "pièce à frotter", une brosse et une brassée de fleurs dans les bras. Elle passera une partie de la journée sur la tombe familiale en faisant allègrement le ménage ; j'en ai remarqué pour qui cette équipée prenait des allures de partie de campagne.

C'est en chantonnant que ces fidèles du souvenir récurent la dalle, enlèvent les mauvaises herbes dans les jardinières, changent l'eau des fleurs dans les vases. Certaines déjeunent sur place, assises familièrement sur le tombeau. A l'époque de la Toussaint, le tramway est plein de ribambelles de Marseillaises qui vont faire la toilette de leur concession.

Les rues qui n'ont pas été débaptisées portent des noms merveilleux : la rue du Jeune-Anacharsis en témoignage du voyageur grec, la rue Tapis-Vert, la rue Longue-des-Capucins où se situait une maison de l'Ordre, la rue Montaud, encore appelée ainsi par les vieux Marseillais on peut connaître leur âge par cette simple mention; elle est maintenant rue Edmond Rostand, gloire locale.

Le boulevard de la Madeleine est devenu maintenant boulevard de la Libération, la Corniche s'est vu adjoindre le nom de Kennedy. Le quartier du "Panier" qui domine le Vieux Port autour de l'Hospice de la Charité a été en partie épargné par les destructions allemandes. Il s'agit d'un lacis napolitain bordé de vieilles maisons. Des restaurants typiques abondent, c'est dans telle pizzeria qu'on peut déguster les meilleurs pâtes au pistou qu'on puisse rêver, les "alouettes" sans tête (tranche de boeuf roulée avec farce, épices et herbes) dans une sauce rousse, le boeuf en daube ou des platées de moules à la provençale ouvertes seulement dans l'eau salée de la cuisson, agrémentée de laurier et de fenouil.

Le Panier est resté jusqu'à ces dernières années dans son jus, habité par de vrais et vieux Marseillais. La population maghrébine y circule mais n'y a pas encore pris racine, chassée, je pense, par une faune d'artistes, d'étudiants et de jeunes ménages qui s'efforcent de donner un ton "Montparnasse" à cet endroit. Les immeubles vétustes ont été peinturlurés de teintes tendres, celles qu'on attribue volontiers au Midi cédant à l'obsession du "provençal".

Des placettes, comme la place de Lenche, plantent un décor pour "pièce marseillaise". Les façades, depuis qu'elles ont été fardées de neuf, évoquent la crèche, tandis que la tente d'un bar orange vif semble abriter la trop fameuse partie de cartes dans "Marius".

Le Panier, un peu grimé, un peu apprêté, n'a pas perdu son allure d'antan. Les platanes centenaires (résisteront-ils à la maladie ?) contribuent toujours à évoquer les coins typiques d'un village provençal. Les piqués de la mode estudiantine (toujours ressembler aux occupants des barricades de 1968) ignorent que la majorité des manifestants du fameux mois de mai à Paris portaient pour la plupart le costume trois pièces des bons jeunes gens piastrés du XVIème arrondissement. En province, on retarde un peu, et tel jeune couple, en réalité bien rangé, regagne son deux pièces-cuisine du Panier déguisé en hippies. La mode de Paris met toujours du temps à "descendre" dans le Midi.

L'engouement récent pour ces lieux que la bourgeoisie marseillaise de jadis s'interdisait de fréquenter de peur de paraître s'encanailler et que les familles honorables considéraient comme des repaires de "mafiosi", n'a pas pour autant drainé vers ses ruelles la fine fleur de la société qui continue à émigrer vers l'est, vers la plage, la deuxième allée du Prado, la Corniche, Bonneveine, le boulevard Michelet, les abords de la route de Cassis.

Les enfants de ces conservateurs se risquent à louer quelque studio pour abriter des amours espérées clandestines... L'essentiel des habitants se recrute parmi la petite bourgeoisie ou des transplantés, des "estrangers du dehors" qui, eux, se moquent de la réputation ancrée de refuge de gangsters ou de pauvres, une catégorie ne valant pas mieux que l'autre dans l'esprit d'une certaine classe. On pourrait même dire que pour celle-ci le gangster bénéficie d'une auréole : celle de la réussite, de l'audace, de l'aventure... dont on se refuse à parer l'indigent qui n'est même pas intéressant.

IX

Les fêtes traditionnelles

L'abbaye de Saint-Victor et la Chandeleur

Cette église fortifiée est un des plus vieux monuments de France. La crypte remonterait au temps des Catacombes. La légende attribue à l'abbaye l'honneur d'avoir accueilli saint Lazare, le ressuscité du Seigneur et les saintes femmes : Marie-Madeleine, l'aimée du Christ, Marie-Jacobé et une servante, Marie-Salomé, appelée aussi sainte Sarah, patronne des gitans.

Marie-Madeleine gagne, au départ de Marseille, le site de la Sainte-Baume, elle se réfugie dans la grotte devenue lieu de culte depuis des siècles, desservie par les Dominicains installés à Saint-Maximin. Malgré le départ des moines, ce sont toujours des membres de l'Ordre qui assurent la garde de la Sainte-Baume.

Sainte Sarah, la domestique noire d'après la tradition, dut émigrer vers la Camargue puisqu'elle est vénérée aujourd'hui encore par le peuple "caraque".

"Les Saintes-Maries-de-la-Mer", nom de l'église fortifiée elle aussi, se composent donc du trio des femmes qui auraient quitté la Palestine après la mort de Jésus. On perd la trace du frère en Provence.

Sur l'emplacement du refuge des premiers chrétiens, dont on aperçoit encore aujourd'hui les vestiges, s'édifia un sanctuaire dès le début de l'ère chrétienne. Il date donc des premières années de l'Eglise, sa construction, au cours des siècles s'échelonne depuis cette lointaine époque jusqu'à son aspect définitif.

La nef est splendide, d'une pureté de lignes, d'une élégance rares. Les arcs en tiers-point se rejoignent au-dessus des fûts de colonnes élancées, se détachant en nervures délicates de l'épaisseur des piliers. Romans sont la nef et le choeur ; dans ce dernier la demi-voûte en cul-de-lampe évoque les églises de Ravenne.

Des prêtres intelligents se sont attachés, ces dernières années, à débarrasser l'église de tout ajout moderne. C'est ainsi qu'ont disparu les statues "sulpiciennes" et les autels en faux baroque. Pas de crépi ni de peinture, la pierre nue restitue l'authenticité à la fois sévère et pleine de grâce.

L'extérieur de Saint-Victor, très restauré, tient à la fois du château fort avec créneaux, mâchicoulis et surfaces nues quasiment sans ouvertures. L'enveloppe martiale semble renfermer l'amande précieuse de l'église. Passé le porche, on s'attendrait à pénétrer dans un édifice féodal et on découvre des fûts qui montent jusqu'à la naissance d'un immense plafond en forme de carène d'un vaisseau renversé.

Un charmant homme, le Père Seinturier, curé de Saint-Victor, s'est dévoué pendant des années à sa restauration, à sa résurrection. Il faut lui rendre hommage et s'il n'a pu comme il le disait souvent "extirper le noyau de la chaire", on peut le remercier d'avoir rendu au sanctuaire la simplicité et l'excellence d'un style pur et de l'avoir débarrassé des ajouts adventices qui nuisaient à sa rigoureuse architecture.

La crypte date donc du commencement de notre ère. Un édifice primitif en sous-sol lance encore des arches d'une belle envolée. Cette crypte est envahie de fidèles pour la Chandeleur, fête de la Nativité de la Vierge. On y célèbre le culte de Marie en rendant hommage à la Vierge noire. Il s'agit d'une statue dont le visage en bois a foncé au cours des âges, si bien que l'on contemple aujourd'hui une sainte négresse : d'où, dans l'esprit des fidèles, avec Marie-Salomé, la servante bronzée.

La Chandeleur, du nom de chandelles, constitue une fête votive qui déroule à Marseille son rituel ancestral durant une semaine.

De mon temps, tout ce que Marseille comptait d'habitants se pressait pour un pélerinage à Saint-Victor. On achetait des cierges verts enrubannés de papier doré qu'on disposait en buisson ardent autour de la statue vénérée. Des messes fréquentes étaient célébrées devant l'autel où avait été transportée la Vierge noire. Des processions avaient lieu dans l'église. Aujourd'hui, la ferveur est toujours aussi intense, mais bien des jeunes familles bourgeoises ne sacrifient plus, comme nous, à l'inévitable visite à Saint-Victor. Cependant la procession peut se dérouler autour de l'église, preuve que les remous dus à la séparation de l'Eglise et de l'Etat se sont calmés.

Pour commémorer le voyage des Saintes qui abordèrent au Lacydon à bord d'une embarcation, les boulangers marseillais confectionnent et vendent les fameuses "navettes", sortes de biscuits pétris d'eau, d'huile d'olive et de farine, le tout légèrement aromatisé à la fleur d'oranger.

Dans mon enfance, après les dévotions à l'église, on allait s'approvisionner au "Four des navettes", proche du sanctuaire. Ce magasin qui se flatte d'exister depuis les années 1700, a été imité par beaucoup de pâtissiers et artisans en boulange de la ville, mais les vieux Marseillais, respectant les us, ne s'approvisionnent qu'à la célèbre boutique. Ces gâteaux secs en forme de bateau y sont d'ailleurs délicieux.

Je me souviens qu'on rapportait de Saint-Victor des cierges verts, qu'on accrochait aux bras du crucifix qui trônait toujours au-dessus des lits. Le buis béni (en Provence, des rameaux d'olivier) rejoignait le cierge le jour des Rameaux. Le cierge vert était allumé dans les grandes occasions : calamités matérielles, orages cataclysmiques, maladies familiales, décès... Lorsque la mort était survenue, le buis bénit, bien défeuillé, trempait dans un récipient argenté et servait de goupillon pour asperger la dépouille et tracer un signe de croix à ceux qui accomplissaient la visite mortuaire.

J'ai connu jadis une honorable bourgeoise marseillaise qui, terrorisée par l'orage, descendait dès le premier éclair et le premier grondement dans sa cave. Elle n'oubliait pas d'emporter un cierge vert qu'elle allumait pour se protéger. Elle poussait la manie jusqu'à s'abriter sous une ombrelle verte, mais fallait-il encore qu'elle fût en soie, mélange cocasse de piété et de superstition.

Du parvis de Saint-Victor qui domine l'ancien bassin de carénage, on embrasse une vue panoramique qui inclut le Vieux Port et ce qui reste des vieux quartiers, et se prolonge par la perspective de la Joliette, vers les bassins jusqu'à l'Estaque.

Dans la bourgeoisie il est de bon ton, quand on le peut, d'abandonner sa paroisse pour célébrer les mariages à Saint-Victor. Il faut dire que la cérémonie prend une dimension insoupçonnée dans ce cadre.

Un front d'immeubles, à gauche de Saint-Victor, ne gêne pas la contemplation du site, ceux-ci bénéficient en revanche d'une situation exceptionnelle. Une Marseillaise, Mademoiselle Fournier, possédait encore pendant la guerre de 1939 une belle maison qui surplombait le Vieux Port, elle y accueillit Paul Valéry en séjour à Marseille en raison de la "zone libre" . C'est, je crois, dans cette demeure que le peintre Rudolf Kundera campa la silhouette du poète dans un dessin remarquable.

C'est aussi à Saint-Victor qu'on perpétue le voeu de Villette. Les artistes de la ville se réunissent le lendemain du mardi gras pour une messe, à l'issue de laquelle ils reçoivent les cendres pour leur rappeler que nés de la poussière, ils redeviendront poussière.

C'est l'occasion pour un prêtre choisi pour son appartenance de près ou de loin au monde des arts, de prononcer l'homélie. Mon ami, le R.P. Georges Durand, nous a souvent dispensé son talent oratoire et son lyrisme.

Saint-Victor allie à sa beauté le souvenir des époques les plus reculées. Il est émouvant de songer que, sans interruption, ce lieu sacré a été hanté par des chrétiens depuis sa fondation par les apôtres jusqu'à nos jours.

Le Vendredi du Sacré-Coeur.

Puisque nous sommes plongés dans les habitudes religieuses, je voudrais évoquer le Vendredi du Sacré-Coeur : Monseigneur de Belsunce, évêque de Marseille durant la peste de 1720, pour arrêter le fléau ou en atténuer les effets, consacra la cité au Sacré-Coeur de Jésus. Il promit qu'un vendredi du mois de juin les fidèles du diocèse, échevins en tête, assisteraient à une messe d'action de grâces le matin et défileraient en procession l'après-midi. Longtemps, la cérémonie eut lieu dans l'église-cathédrale.

Peut-être la tiédeur des ouailles ne permettait-elle plus de remplir les travées de l'énorme édifice ? Toujours est-il que la messe prévue est, depuis des années, célébrée au Couvent de la Visitation qui se situe sur les hauteurs de Marseille, dans la banlieue de Saint-Jérôme. En revanche, la procession se déroule autour de la "Major" l'après-midi du même jour.

La tradition voulait que le premier édile de la ville, entouré de son conseil, remît au cours de la messe un cierge cravaté aux couleurs phocéennes à l'évêque qui officiait. Tout se passa bien jusqu'à la séparation de l'Eglise et de l'Etat. Le maire d'alors, Amable Chanot (celui du Parc), anticlérical et sectaire, se refusa à participer à des rites sacrés. Il ne se voyait pas en grand apparat et au mépris de son athéisme se prêter à ce qu'il considérait comme une comédie.

Les Marseillais ne l'entendirent pas de cette oreille ; pour rien au monde la population n'aurait accepté que le voeu de Monseigneur de Belsunce ne fût pas respecté dans toute son étiquette. On chercha une solution, on se concerta et on trouva un biais : le maire serait remplacé par le président de la Chambre de Commerce en exercice. Cet industriel ou ce négociant porté par ses pairs au poste envié prit la relève de l'échevin.

Il faut noter que la religion du président ne saurait l'empêcher de remplir ses obligations. J'ai connu un Président protestant qui ne manqua jamais la messe et ne rechigna pas à présenter le fameux cierge au célébrant.

La messe a donc lieu au Couvent de la Visitation, la chapelle moderne est sympathique, les assistants s'y entassent, ceux qui n'y ont pas trouvé place se retranchent dans un cloître-patio. La date de la festivité permet de jouir des agréments du jardin des nonnes où les fleurs et les feuillages ajoutent à la cérémonie une ferveur campagnarde, un air de vacances.

Lorsque, jeune, je me rendais en famille à la Visitation, j'étais fort impressionné par la tenue du président de la Chambre de Commerce qui, pour la circonstance, revêtait "l'habit". Cette habitude s'est perdue, si j'en crois mes plus récents souvenirs. Le costume trois pièces a remplacé le "frac".

Pour officier, il était naturel que les autorités ecclésiastiques choisissent un éminent prélat. L'archevêque de Marseille soucieux de donner un lustre particulier à la manifestation priait donc un cardinal ou un personnage religieux de grand renom d'honorer de sa présence le Vendredi du Sacré-Coeur. C'est ainsi que j'assistai à un office célébré par le pape Jean XXIII, alors nonce apostolique à Paris sous le nom de Monseigneur Roncalli.

Bien des années plus tard, j'eus l'honneur d'être présenté à Sa Sainteté qui avait accepté de recevoir, en petit comité, les experts de la communauté économique européenne (pour l'assurance maritime) qui tenaient leurs assises à Rome. Jean XXIII s'arrêta devant moi et nous eûmes une brève conversation en français. Lorsque je lui eus dit mon nom et signalé que j'étais originaire de Marseille, il me parla avec gentillesse et enthousiasme de notre ville. Il me confia que c'était la première métropole qu'il avait connue - avant Rome, me disait-il. Jeune séminariste dans un collège de la péninsule, il avait entrepris avec ses condisciples un pélerinage à Lourdes. Ils s'embarquèrent à Ostie et rejoignirent Marseille afin d'y prendre le train pour Lourdes.

Enhardi par le ton familier du pape, j'évoquai le Vendredi du Sacré-Coeur où il avait célébré la messe au Couvent de la Visitation. Jean XXIII s'en souvenait fort bien et parut ému qu'un homme d'affaires ait gardé présent à l'esprit son déplacement à Marseille.

Sa Sainteté m'engagea à faire part aux Marseillais de la sympathie qu'il nourrissait pour cette ville protégée par Notre-Dame-de la-Garde (la Bonne Mère). J'écrivis à l'évêque à mon retour de Rome.

Le Vendredi du Sacré-Coeur revêt aussi un aspect profane : autrefois, dans les familles marseillaises, on préparait l'aïoli qui, comme tout le monde le sait, est un plat maigre. (Je crains que cette tradition ne se perde). Chez moi, on ne manquait pas d'en déguster un succulent. C'est un mets qui comporte un grand nombre de composants, il fallait se soumettre à l'usage de la même façon qu'on concoctait le gros souper de Noël (maigre aussi) qui se terminait par les treize desserts.

Les bureaux fermés l'après-midi du Vendredi du Sacré-Coeur permettaient une sieste réparatrice car l'aioli est une spécialité appétissante, mais lourde à digérer.

De nos jours, les jeunes générations ne se soucient ni des pratiques attachées au voeu de Monseigneur de Belsunce, ni même des saveurs de l'aïoli. Peut-être même ignoreraient ils cette spécialité si elle ne figurait pas sur une carte de restaurant. Qui songerait aujourd'hui à se donner tant de mal pour faire dessaler la morue et jeûner les escargots ?

Je me rappelle que la queue de morue trempait durant une semaine dans des tians (sorte de récipients en terre vernissée) dont on changeait l'eau le plus souvent possible. Quant aux escargots, on les achète maintenant en boîte, se privant du plaisir du ramassage après la pluie et du cérémonial pour les faire dégorger : enfermés dans un panier à salade en fil de fer on les laissait sans nourriture. Purgés de leurs humeurs, ayant bavé tout leur soûl, les gastéropodes étaient jugés dignes d'être dégustés avec l'aïoli.

X

La langue populaire et les anecdotes

Le parler marseillais s'est forgé au cours des siècles en empruntant aux langues en usage en Provence : le latin quand la Gaule était occupée par les Romains, le vieux français du pays d'Oc, le provençal qui s'est particularisé par rapport à la langue des troubadours, celui de Mistral, de Roumanille, d'Aubanel, de José d'Arbaud. J'ai connu Arbaud - on a bien oublié son talent. Il rédigeait en deux langues ses récits, ses poèmes et ses romans. "La bête du Vaccarès", "La Sauvagine" demeurent d'authentiques chefs-d'oeuvre. Je ne puis effacer de ma mémoire José d'Arbaud, vêtu en gardian, monté sur son cheval "Clair de lune", trident au poing, récitant ses poèmes dédiés à la Camargue dans le décor même qu'il exaltait.

Le marquis de Baroncelli-Javon (Sioux d'honneur et ami de Buffalo Bill) était présent, ainsi que Marcel Brion avec sa mère et mes parents. Minutes d'émotion, et pourtant la scène aurait pu porter à rire par la grandiloquence et l'effet théâtral. Mais on sentait chez d'Arbaud un tel amour pour la terre arlésienne, un tel enthousiasme pour la vie des manades, pour les moeurs de la nation gardianne, pour le taureau-roi en qui il voyait le prolongement du Minotaure, qu'on ne pouvait qu'applaudir.

On ne saurait saisir la profonde magie qui s'attache à cette terre étrange, si on ne s'est pas familiarisé avec les us de la sauvagine, avec la faune et la flore de cette petite contrée qui n'est ni terrestre, ni lacustre, puisque les mirages ou les brumes confondent les éléments dans un même poudroiement l'été, ou dans un brouillard l'hiver. On finit par observer et parcourir un paysage irréel.

Le provençal n'est plus pratiqué que par les vieilles gens et les félibres, mais si ceux-ci parlent, lisent et écrivent une langue noble, poétique, aux règles de grammaire établies, au vocabulaire riche et imagé, ceux-là baragouinent un patois dont la pureté originaire est fort discutable. Le patois, sous-produit du provençal, est une des sources de l'argot marseillais.

A ces racines locales sont venus s'ajouter le français moderne évidemment, et l'italien. Il ne faut jamais perdre de vue que Marseille jouxtait, à quelque deux cents kilomètres, la région niçoise qui était italienne jusqu'à la fin du XIXème siècle. D'où échanges constants, mariages mixtes entre Marseillais et Italiens. De très nombreux travailleurs italiens émigrent depuis deux siècles vers la Provence. Les domestiques se recrutaient parmi les Piémontais et les Toscans. La plupart des nourrices fraîches qui venaient allaiter les bébés des familles bourgeoises, s'exilaient pour quelques mois de la région de Lucca per Forcari ou per

Capannori après qu'elles avaient accouché d'un énième rejeton... Enfin, Marseille est la plus grande ville italienne du monde hors de ses frontières...

Tous ces apports divers formèrent un "parler" spécial, dont les expressions surprennent ou ravissent encore aujourd'hui les "gens" du Nord. Or, on sait que pour les Marseillais, le Nord commence au-delà d'Avignon !

Est encore employée, au milieu du français le plus châtié et par les Marseillais bon teint, une floraison de mots qui ont, me semble-t-il, une saveur particulière. D'excellents livres ont été consacrés à ce sujet. Je me bornerai, pour ma part, à citer quelques expressions qui traînent dans ma mémoire et qui me ravissent toujours : La "pièce" désigne la serpillière ou la wassingue. L'évier n'est pas çonnu chez nous, en revanche il y a la "pile". Le "fenestron" est une petite fenêtre. "L'agachon" sert à désigner une sorte d'appentis isolé dans le jardin ou à la campagne, ou bien incorporé dans la maison ; dans ce dernier cas il se nomme alors le "cafouchon". A Marseille, personne ne se rend chez le marchand de couleurs mais chez le droguiste. Le couvercle d'un récipient ménager, plus spécialement d'une cafetière, porte le joli nom de "cabucelle", ce qui a donné lieu à un piquant adage destiné au mariage : «Chaque "toupin" (récipient) trouve sa "cabucelle"».

Le "nervi" est le mauvais garçon, le loubard. Ce terme a dépassé les limites de la région. Le "gari" (déformation italienne) évoque le jeune garçon de dix à quatorze ans. "Mon gari", disaient affectueusement les grand-mères. L'enfant, en revanche, répond au nom de "pitchoun" et le dernier d'une famille, à celui de "caganis".

La "cagole", c'est la putain. "Pistachier" a des significations subtiles, il s'agit d'un type un peu blagueur, pas très fidèle, pas mauvais bougre, mais retors avec une pointe de malice et de gouaille. On dit d'un mari coureur, c'est un "pistachier", mais c'est aussi un gars pas très régulier, en apparence hâbleur et peu solide, qui galèje. La "galéjade" signifie plaisanterie. Le galéjeur raconte des histoires, enjolive la réalité, il exagère.

"Brouméger" s'attache à une manière de pêcher, c'est-à-dire que pour appâter, on répand sur l'eau des petits vers ou des miettes. Les poissons montent à la surface pour se nourrir. Après cette première opération, on jette la ligne. Par extention, "brouméger" dépeint l'attitude de celui ou de celle qui pour réussir son coup, traiter d'une affaire, convaincre un interlocuteur, s'emploie à s'entourer de fumée, attire l'attention de la proie par des considérations oiseuses souvent étrangères au sujet. On endort la vigilance jusqu'au moment où la personne concernée "pite".

"Piter" pourrait se traduire en français par avaler, accrocher, gober. Le poisson pite à l'hameçon. Une pitée est le choc ressenti dans la palingrotte ou la canne au moment où le poisson flaire l'appât, le mordille, semble s'y intéresser, puis s'en va ou se prend.

Nous l'avons déjà dit, le "boumian" c'est le bohémien. La "bête" marseillaise caractérise une barque en bois à fond plat.

Toute une série de mots sont merveilleux : "espincher" pour épier, "escagasser" pour asséner, frapper. Le "fada" c'est l'ahuri un peu bêta. "Etre dans les arias" c'est être perdu dans ses rêves. Le "capelan" pour le curé. "Estoufadou" se dit d'un gâteau ou d'un plat bourratif, "estrangle bellemère", c'est quelque chose de difficile à passer, à digérer. Le "tafanari" employé pour derrière s'accompagne pour les gens fessus d'un cul comme un "apanaou" (panier). "Ensuquer" signifie fatiguer, amener à une sorte de torpeur, de perte de contact avec la réalité.

"Etre bien fatigué" implique à Marseille qu'on est à l'article de la mort ; en revanche,"être malade" ou "se porter mal" relèvent d'un malaise bénin. Il faut pour souligner la gravité, ajouter "bien", si le patient est "bien malade" c'est qu'il est "amoché".

"Remettez-vous" ne veut pas dire reprenez votre souffle ou rétablissez-vous, mais tout simplement "asseyez-vous".

On pourrait multiplier les exemples comme celui de ce vieux prêtre marseillais, curé de Saint-Ferréol, qui faisant l'éloge de saint Joseph, lança du haut de sa chaire que les Marseillais très attachés au culte de saint Joseph, plaçaient son effigie dans les coins les plus retirés des maisons jusque sur la pile !

En fait de sermons, certains prêtres du cru employaient des tournures de phrases inénarrables. Un jour à Cadenet, petit village aux portes du Lubéron, la patrie du tambour d'Arcole, je me rendis à la messe avec des cousins qui possédaient une vieille maison de famille dans l'agglomération. Le curé avait pris pour thème de son homélie la Vierge Marie.

Il voulait absolument souligner sa pureté exemplaire. Pointant un doigt vengeur sur le bas de l'église où les hommes s'étaient tassés pour être plus près de la sortie, il les apostropha : "Je ne parlerai pas de ces pistachiers qui troussent les jupons des filles, je préfère viser les sages personnes assidues aux sacrements".

Parmi ces pieuses créatures, on doit donner la palme à Mademoiselle Marie (et il la désigna : Mademoiselle Marie, vieille fille attachée à son service, tenait l'harmonium.) "Je sais, continua le prêtre avec indignation, que de méchantes langues ont pu se permettre des allusions abominables concernant cette "sainte fille", je me comprends et je passe. Moi, je puis vous dire, cria-t-il dans une belle envolée, que Mademoiselle Marie, à côté de la Sainte Vierge, c'est une "cagole[2]"."

Personne ne souriait, les fidèles baissaient la tête, les hommes s'en allèrent un par un sur la pointe des pieds.

Le même prêtre, courroucé de voir son église quasiment vide pour les vêpres, s'emporta et conclut : "qu'on me dérange pour rien, vaille... qu'on dérange les enfants de choeur qui préféreraient s' amuser, bon... mais qu'on dérange notre Bonne Mère du ciel, c'est trop mes frères, c'est trop."

A l'époque, les évêques accomplissaient des tournées diocésaines. Ils visitaient les différents curés de leur circonscription. Souvent, dans les

---

2. Putain en marseillais.

presbytères de campagne, il n'y avait qu'une chambre et un lit. Un soir, Monseigneur, qui s'était attardé, gagna, à la nuit tombante, une petite église rurale. Le presbytère tenait du cabanon. Monseigneur, qui était d'un naturel simple, et n'imaginait pas que le logis fût si exigu, proposa de coucher sur place, "à la fortune du pot", dit-il en plaisantant. La stupeur se peignit sur le visage du curé.

- C'est que, Monseigneur, je ne dispose que d'un lit. Peu importe, je coucherai par terre.

- Pas question, mon ami, nous nous arrangerons...

Le curé et son évêque s'endormirent un peu à l'étroit. Le matin à l'aube, un coq chanta, puis on entendit un remue-ménage.

Le bon curé, à demi réveillé, qui avait l'habitude de partager sa couche avec sa bonne, envoya un grand coup de pied dans la jambe de l'évêque en disant:

- "Marie, lou la..."

Ce qui, en patois, signifiait : "Marie, le lait !"

XI

La societé

La bourgeoisie se refusait à parler avec l'accent marseillais, question de classe... On reprenait les enfants qui se laissaient aller à des intonations jugées vulgaires : on ne dit pas "Mamin", mais "Maman". Aujourd'hui, la fréquentation par les rejetons de la bonne société des maternelles ou des écoles communales rend difficile aux parents d'exiger de leur progéniture de s'exprimer avec distinction.

Il y avait plusieurs catégories de personnes qui composaient cette tranche sociale qui se croyait et se voulait supérieure, le dessus du panier, la crème : celles qui n'avaient aucun mal à "parler pointu", leurs antécédents, leur profession, leur cosmopolitisme les y aidant. On découvrait en revanche dans ces clans huppés une propension à s'exprimer avec une pointe d'accent anglais, ou avec une teinte de prononciation grecque pour des Marseillais d'origine hellène qui n'avaient jamais mis les pieds en Grèce et n'en pratiquaient pas la langue. Un autre clan, recruté parmi les plus vieilles familles de souche marseillaise, fières de leur origine et de leur appartenance, se corrigeaient peu et s'abandonnaient volontiers aux expressions et à la tonalité du langage populaire. Bien sûr, sans excès, mais certains ne se choquaient pas si un interlocuteur extérieur à la région les reconnaissait comme marseillais grâce à leur accent. Des partisans de l'absence d'accent s'échinaient à éviter les pièges des "an". D'où une bizarre élocution où le "an" ne tombait pas dans le "in" mais dans le "on". Ce qui donnait une sorte de chuintement que ses adeptes croyaient le fin du fin...

C'est le fait de générations qui ne pouvant se défaire de la prononciation initiale, la contrefont ; ceux qui se veulent distingués ne disent pas "bin" pour bien, mais "bion" ; maman devient "mamon", malgré tous leurs efforts ils trébuchent sur les habitudes enracinées, on les entend dire "jone" pour jaune, "rause" pour rose, "banban" pour bonbon. On peut se demander si ces contorsions ne sont pas plus désagréables à l'oreille que le vrai marseillais.

La bourgeoisie marseillaise se révèle une des plus fermées, plus repliée sur elle-même que la plupart des groupes citadins provinciaux. Les membres de ce milieu n'aiment à se retrouver qu'entre eux. Ils excluent tout apport nouveau. Les étrangers forcent difficilement les portes de leurs salons ; les consuls eux-mêmes quand ils viennent par le jeu diplomatique du pays qu'ils doivent représenter à Marseille, ne peuvent se targuer d'être admis comme familiers.

Les fonctionnaires, préfet en tête, les grands commis de l'Etat ne frayent pas avec les familles en vue. Toute fonction, aussi honorifique soit-elle, ne confère pas le "sésame" car il s'agit souvent de personnalités parachutées qui, au cours de leur carrière, ont occupé des postes dans d'autres villes et se trouvent à Marseille, comme des cheveux sur la soupe.

Les réceptions, les bals, les mariages, rameutent deux à trois cents personnes qui toutes se connaissent depuis l'enfance, alliés lointains ou proches. La présence d'un ménage étranger à la ville, invité de dernière heure grâce à une relation commune, excite la curiosité : qui sont-ils ? d'où sortent-ils ?

La hiérarchie sociale était jusqu'à la guerre soigneusement établie. Le haut du pavé se composait des huiliers et savonniers, éminences de plein droit, des armateurs privés, des banquiers propriétaires de leur banque familiale, des négociants et des industriels divers, tous bien apparentés et installés à Marseille depuis des générations. Quelques grands patrons en médecine pouvaient se joindre à ce "gratin" à condition d'être d'origine marseillaise.

Le meilleur, en dehors de toute appartenance professionnelle, était représenté par "le clan des Grecs". Il s'agissait des descendants des pionniers hellènes qui avaient émigré de leur pays ou d'Asie Mineure à la fin du XIXème siècle et qui avaient pris très vite la direction de puissantes affaires, avaient injecté leur argent dans les sociétés commerciales et animaient l'économie phocéenne.

Une deuxième tranche de notables, légèrement au-dessous, se recrutait dans les professions libérales : avocats, médecins, notaires, avoués, agents de change, mais ils devaient répondre à deux impératifs : être bien nés, et à Marseille.

On ne recevait pas les commerçants (qui tiennent aujourd'hui la vedette), on les appelait "les boutiquiers". On ne tolérait pas les fournisseurs à sa table, même si leur entreprise était de dimension notable et leur talent indiscutable. Je veux parler des grands bijoutiers, des maisons de couture, des modistes en renom, voire des propriétaires d'épicerie de luxe (les "Fauchon" ou les "Hédiard" du coin). On les appréciait dans leur travail, mais pas question de se trouver à égalité sur le plan mondain. On ne disait pas à une de ces personnes, considérées comme des domestiques supérieures, "Madame", mais "Madame Georges". On ne s'adressait pas à un commerçant, aussi riche soit-il, en lui donnant du "Monsieur" tout court.

En dessous, c'était le peuple, envisagé dans son ensemble comme une masse anonyme, grise, sale, mal élevée, lointaine, une autre race. Aussi, noyait-on dans la même indifférence méprisante les ouvriers, les employés de petit grade, les commis et commises, les domestiques et tout le reste. Avec eux, on usait des "mon bon", "mon brave", "ma fille" (pour les femmes de chambre) "mon petit" pour un saute-ruisseau. On n'octroyait que le prénom, comme pour les serviteurs, ou directement le nom de famille, particulièrement pour les relations entre patron et subordonné, ou bourgeois et prolétaire.

Le clergé se situait hors classe sociale, on n'entretenait avec lui que des rapports sans chaleur ni intimité. "Monsieur le curé", "Monsieur l'abbé" pour les vicaires. On avait plus de considération pour les religieuses, "ma Mère" ou "ma Révérende Mère" marquaient une certaine déférence, mais on savait que le recrutement des nonnes et surtout des supérieures, s'opérait en général dans le beau monde, alors que les prêtres étaient bien souvent d'extraction modeste.

Une exception majeure, celle de l'abbé de famille, directeur de conscience de Madame, préparateur des enfants à leur Première Communion, visiteur des malades, dispensateur des sacrements jusqu'à l'extrême onction.

L'ecclésiastique attaché en quelque sorte à une ou plusieurs familles se voyait gratifié d'un déjeuner (jamais de dîner), hebdomadaire, ou mensuel pour les moins pieux. On ne recevait l'evêque qu'une fois l'an, avec solennité. Le prélat, accompagné de son secrétaire, ne partageait les agapes qu'avec les membres de la famille, l'abbé de fondation et le curé de la paroisse qu'on était obligé de convier, même si on ne le trouvait pas très chic.

Dans la bonne société, les intellectuels étaient suspects, on tolérait tel écrivain oisif, rentier de bonne souche, on lui pardonnait son goût de l'écriture parce qu'il n'en faisait pas profession. On lui concédait l'indulgence due à un original, à un marginal. Il ne devait cependant pas se prendre au sérieux et jouer les amateurs. La littérature était rabaissée au rang d'une occupation pacifique non rémunérée. Pourquoi troubler cet homme (ou cette femme) qui s'amusait à aligner des mots et des phrases ? Cela ne faisait de mal à personne ; et tant mieux puisqu'il y prenait plaisir, on ne devait pas le contrarier. Un impératif toutefois : pas question d'ennuyer les autres par des déclamations, récitations ou lectures.

On reléguait les peintres ou sculpteurs dans la même indifférence. Les musiciens, en revanche, possédaient quelque crédit, à condition de se cantonner dans l'interprétation. Surtout pas d'oeuvres personnelles même si les auteurs s'en tenaient au classicisme conventionnel. On imaginait qu'un contemporain ne pouvait être qu'en rupture de ban avec les grands aînés.

La musique, seul art qui échappait à l'ostracisme, n'était prisée que pour des raisons mondaines. On s'abonnait aux Concerts classiques (concerts du dimanche après-midi), on avait sa loge à l'Opéra, sa chaise à la Musique de chambre, il fallait bien amortir ; on baillait ferme, mais il était de bon ton d'être vu à ces manifestations qui permettaient de penser à autre chose, voire de dormir.

Combien en ai-je vu de ces bourgeoises, la tête appuyée sur leur main gantée, fermant les yeux comme concentrées et finissant par s'abandonner à un petit somme. Dès la fin du morceau, on battait des mains, on adressait des gestes d'approbation aux voisins, on prononçait des phrases toutes faites : "C'était merveilleux ! Quel coup d'archet , ma chère, quel vibrato ! J'ai ressenti une émotion indicible au deuxième temps de la sonate. Oh ! oui, l'andante était poignant, l'adagio sublime..."

Quant aux messieurs, l'oeil lourd derrière les lunettes ou le monocle, ils prenaient des airs inspirés, j'en ai même observé qui, ne connaissant pas une note de solfège, avaient l'audace de feuilleter une partition, ce qui leur valait une admiration collective!

Le théâtre n'avait grâce auprès des bourgeois que si Paris avait déjà claironné le succès, on se précipitait pour assister aux spectacles des tournées, en particulier "les galas Karsenty". Les riches, les ménages qui voyageaient, c'est-à-dire qui se rendaient à Paris pour les affaires, boudaient ostensiblement toute représentation déjà vue dans la capitale.

Quant à l'Opéra, c'était l'apanage du peuple, d'une bande d'excités qui chahutaient au poulailler et sifflaient le ténor ou la diva lorsqu'ils rataient leur contre-ut. Aussi la bourgeoisie ne faisait-elle que de brèves apparitions à l'Opéra : un gala où on pouvait s'habiller, une soirée au profit d'une oeuvre, une création dont on parlerait jusque dans les colonnes des journaux parisiens.

Nul n'est prophète en son pays, dit-on : adage faux quand il s'agissait des affaires - on reconnaissait bel et bien la réussite - et vrai lorsqu'il s'appliquait à un artiste marseillais, voire provençal qui ne pouvait avoir de talent puisqu'il n'avait pas été reconnu par Paris. Quand il revenait dans sa ville, auréolé de la gloire ou de l'estime nationale, les Marseillais s'efforçaient de lui trouver quelque mérite. Ce fut le cas d'André Roussin, ignoré de tous, prôné par quelque coterie réduite et qui ne prit sa véritable stature que lorsqu'il eut brûlé les planches des théâtres de Boulevard.

Quant aux poètes ou félibres, ils étaient moqués et ne trouvaient audience que parmi les troupes squelettiques des "provençalisants", des enthousiastes de "lango nostro", lesquels ne se recrutaient pas dans la bourgeoisie.

Drôle de clique que celle de ces quelques centaines de gens qui s'enfermaient dans leur suffisance et désespéraient toute initiative culturelle.

Jean Ballard, que j'ai bien connu, a su donner une dimension hexagonale et internationale à ses "Cahiers du Sud". Il flagornait les bourgeois et leur piquait des chèques pour la publicité de leurs sociétés ou entreprises. Il subvenait ainsi à l'entretien de sa revue, mais aucun des souscripteurs n'était un lecteur. Cent fois, j'ai aperçu des numéros des "Cahiers du Sud" vierges, intacts, dont aucune page n'avait été coupée, empilés sur les tables des salles d'attente des grandes compagnies de navigation, sur les guéridons des secrétariats privés, sur des coins de meuble chez les grands patrons.

Après tout, Ballard avait raison, puisque, grâce aux subsides extorqués aux nantis avec malice et assiduité, sa revue prospérait et pouvait s'enorgueillir de signatures prestigieuses et d'études exhaustives.

Quand la guerre de 1940, accompagnée de la débâcle et de l'émigration de grands écrivains vers Marseille - lesquels cherchaient à vivre en zone libre et à se réfugier loin des dangers de l'Occupation - ramena sur nos rivages des célébrités comme Valéry, Bernanos, Claudel, Maritain, Giraudoux, Cendrars, Breton, la bourgeoisie ne les rencontra pas. Elle ignorait leur présence, ce fut le mérite de Lili Pastré, comtesse et châtelaine de Montredon, d'accueillir ces flambeaux de la pensée et de la littérature ; elle en hébergea, elle les protégea, et de nombreux intellectuels israélites purent gagner, grâce à elle, les U.S.A.

Cette société vivait donc à son rythme, dans le ronronnement du plaisir de se savoir entre soi, d'établir un cordon sanitaire contre toute pollution extérieure. Pour elle, les idées générales étaient pernicieuses.

Même mépris pour les universitaires, les professeurs, les chercheurs : il s'agissait d'une humanité retardataire perdue en de vagues spéculations, on les laissait à leurs problèmes mais on ne s'en encombrait point.

XII

Le milieu marseillais

Marseille, Chicago français, rues chaudes, bordels, meurtres, rackets, prostitution et drogue, il faut en parler.

Tout est vrai et tout est exagéré.

La population marseillaise est cosmopolite. Chaque port sécréte une frange d'aventuriers, de voyous et d'affairistes. San Pauli à Hambourg, quartier de marins et de filles, sorte de Pigalle démesuré, est un empire de la combine et de la luxure. Les rues à vitrines d'Anvers ou de Rotterdam ne seraient pas si achalandées en hétaïres, si une clientèle débarquée de tous les bateaux ne venait y assouvir ses fringales sexuelles, aiguisées par des mois de navigation. Que dire du vieux Gênes, du Chino bario de Barcelone, des bistrots louches du Pirée, du "bousbir" de Casablanca, de la Casbah d'Alger, des bas-fonds de Naples ?

Marseille a subi la même loi et cédé aux mêmes exigences.

A partir du moment où les appétits des marins de toutes provenances devaient être satisfaits, il était naturel que prolifèrent les intermédiaires et les rabatteurs pour organiser le commerce des femmes, des garçons, de la drogue, du jeu. Les hôtels borgnes, les maisons de jeu, les bars de toutes sortes, les "bouisbouis" fleurirent à Marseille.

Avant la guerre de 1939, ces établissements ou ces repaires étaient localisés dans la partie de la ville qui jouxtait le Vieux-Port, celle qui fut détruite par les Allemands. Les boîtes de nuit plus selects se situaient autour de la Cabenière et de la rue de la République ou à proximité de l'Opéra et de la Bourse. Des filières s'établirent, des gangs se créèrent, des frontières se dressèrent de telle sorte que chaque clan, avec à sa tête un "parrain" ou caïd, puisse prospérer à l'aise. D'où la rivalité des uns et des autres, d'où les contrats et les règlements de comptes d'où les rackets. La source de tous les conflits était l'argent : sans argent pas de puissance et sans puissance pas d'exclusivité.

Chaque "milieu" dans le milieu se répartissait, à l'origine, les diverses sources de profits : la prostitution, la drogue, la contrebande (notamment celle des cigarettes appelée communément "traite des blondes"), le trafic d'armes. Chacun voulait empiéter sur les domaines des autres quand le commerce d'une spécialité périclitait et qu'il fallait se reconvertir à d'autres activités plus rentables. Souvent, les territoires ne furent plus respectés, d'où lutte et, pour ces gens-là, les privilèges perdus se règlent à coups de revolver.

De grandes familles, d'origine corse pour la plupart ou italienne, dominèrent la cité avec des ramifications dans le maquis où il était commode de faire retraite quand ça commençait à sentir le roussi, avec des liaisons quelquefois étroites en direction de la Mafia (question de famille, d'origine).

Avant la guerre, le milieu marseillais reconnaissait comme protecteur et souverain le duo Carbone-Spirito. Ces truands s'adonnèrent aussi à la politique. Les politiciens avaient besoin de gros bras (colleurs d'affiches en période électorale), gorilles, videurs, gardes du corps et les gangsters désiraient en échange certaines protections et des passe-droits.

Il est certain que Sabiani, député des Bouches-du-Rhône de droite, fraya avec le milieu. De là à une assimilation complète entre les partis de droite et le milieu, il n'y avait qu'un pas à franchir et il le fut avec entrain par les journalistes, commentateurs politiques et historiens "à chaud".

Plus tard, sous la houlette d'une mairie socialiste, d'autres phénomènes de même acabit hantèrent les esprits : on pataugea dans de sombres bourbiers (l'affaire des fameuses fausses factures, l'assassinat ou le suicide de Lucet, un des patrons de la Sécurité sociale, l'assassinat du juge Michel qui s'était un peu trop intéressé à un réseau de drogue). On se plaît à étouffer bien des enquêtes et à désinformer l'opinion. Lors d'une récente campagne électorale, ne vit-on pas un préfet de police transformer une sombre affaire de règlement de comptes en un attentat terroriste antisémite contre la synagogue de la rue Breteuil !

Certain personnage influent n'échappa-t-il pas curieusement à deux attentats à la bombe, fort heureusement découverts à temps ?

De l'autre côté de la barrière, ne monta-t-on point en épingle la tuerie d'Auriol avec participation du S.A.C., afin de jeter le discrédit sur un parti d'obédience gaulliste?

L'horrible massacre du bar du Téléphone alimenta la chronique : personne ne sut jamais s'il y avait accointance ou connivence avec la politique.

Ces affreuses réalités prouvaient à l'évidence que la guerre des gangs continuait à sévir. Ces dernières décennies, le milieu marseillais fit allégeance à la famille Guérini et "Mémé" devint une sorte de figure de légende de la racaille et de la pègre. Grand bourgeois par son comportement, Mémé habitait un quartier chic et faisait élever ses enfants par les bonnes soeurs.

Les rivalités à l'intérieur du clan déclenchèrent les appétits d'autres bandes et, petit à petit, l'empire Guérini se délita, puis s'effondra avec la mort du chef.

Ce fut alors que vint l'heure d'une nouvelle étoile du banditisme marseillais, Gaëtan Zampa. Son empire était considérable. Comme tous les "parrains", Zampa ne trempait pas directement dans les exécutions sommaires, les crimes ou les délits graves. Il ne se mettait jamais lui-même en marge de la loi, passible de la répression. Irréprochable en façade, les mauvaises actions étaient perpétrées par ses hommes de main, "les deuxièmes couteaux". Il fallut un contrôle fiscal pour que le truand fût confondu et, de fil en aiguille, emprisonné sous de multiples chefs d'accusation. Coincé pour la première fois de sa vie, sans espoir, il se suicida, à moins qu'un membre de son gang ne l'eût aidé (avec des complicités tôlières) à disparaître pour l'empêcher de parler.

Depuis la mort de Zampa, le milieu est en ébullition, car chacun rêve de remplacer le caïd et de reprendre sa suite. Mais voilà, délations, mouchardages, imprudences, aveux à la police, précipitation pour arriver plus vite, manque de sagacité, attitude de jeunes loups, tissèrent un noeud d'embrouilles et un climat explosif s'installa. Les rejetés ou les rétrogradés se vengèrent de ceux qui les écartaient ou les "semaient". Les détenteurs provisoires d'une autorité trop rapidement acquise, préférèrent éliminer les concurrents : il s'ensuivit une cascade de meurtres auxquels la police assistait avec d'autant plus de flegme qu'une secrète jubilation la tenait : les malfrats s'éliminaient les uns les autres.

Le bon peuple de Marseille n'est pas plus contaminé que le digne bourgeois de Hambourg qui n'a jamais mis les pieds à San Pauli, que l'hidalgo espagnol qui ignore les nuits du Bario chino, que le Napolitain prolétaire et débrouillard, même pas malhonnête, qui ne s'est jamais sali dans de ténébreuses magouilles.

Les événements firent la une des journaux, les médias en quête de sensationnel braquèrent les projecteurs de l'actualité sur les faits et gestes de cette frange marginalisée avec une partialité perverse et une gourmandise coupable, déflorant

Marseille à travers les agissements peccamineux d'une clique souvent d'origine internationale.

Je me souviens de l'arrivée dans les bureaux de ma Compagnie d'assurances d'un "brave" Suisse alémanique. Il était employé par la toute-puissante Suisse de Réassurances de Zurich et venait rencontrer mes collaborateurs pour discuter du renouvellement de nos contrats.

Après les séances de travail, mon bras droit me demanda de présider un déjeuner. Le malheureux Zurichois avait tant lu de récits terrifiants sur l'insécurité marseillaise, qu'il m'interrogea sur les dangers qu'il courait !

J'éclatai de rire et je le priai de me préciser ses craintes. Il voulait savoir s'il pouvait, sans risque, regagner à pied son hôtel, le "Sofitel" sur la colline du Pharo.

Je lui répondis qu'il n'y avait pas lieu d'avoir peur, je lui conseillai néanmoins de ne pas fréquenter les bars louches ou les quartiers chauds, lui faisant remarquer que dans n'importe quelle grande agglomération urbaine - a fortiori un port - il était prudent de s'écarter des endroits interlopes. Je pensais que sa fidèle épouse, rangée et bourgeoise, me remercierait d'avoir préservé son tranquille mari d'expériences qui pouvaient mal tourner.

J'ajoutai que se promener seul pendant vingt minutes (représentant le parcours du Vieux-Port à son hôtel) à une heure avancée de la nuit n'était pas recommandé, car il pouvait être en butte à quelque voleur de portefeuille ou de voyous audacieux qui ne manqueraient pas de le bousculer s'il n'obtempérait assez vite pour donner son argent. Ces sages précautions n'étaient-elles pas à observer à Paris ou à Lyon, au Havre ou à Dunkerque ?

Mon Suisse était à moitié rassuré, et pourtant son "job" ne consistait-il pas justement à réassurer les autres ?

A peine rentré à Zurich, s'étalèrent en caractères gras dans la presse de son pays des commentaires sur la tuerie du bar du Téléphone. Il m'écrivit un petit mot de remerciement pour mon accueil, il faisait une brève allusion à l'affaire. Son "P.S." pouvait signifier : quand même !

Les autorités d'occupation rasèrent, comme nous l'avons dit, les vieux quartiers, conduits par les mêmes préoccupations. Elles se persuadèrent que ces ruelles populaires, ces escaliers, ces coins obscurs, ces placettes étaient autant de coupe-gorge et que leurs troupes seraient décimées si elles s'aventuraient dans ce lacis malodorant et mystérieux. Elles acquirent la conviction que des résistants s'y cachaient.

Et pourtant, avant la destruction, je n'ai jamais ressenti le moindre trouble et je n'ai jamais éprouvé de l'inquiétude lorsque je passais des soirées dans ce fameux quartier afin de me rendre dans des restaurants "marché noir". J'irais même jusqu'à prétendre que, durant la guerre, ce quartier était plus tranquille et plus sûr que du temps des truands, quand certain proxénète réglait son affaire à un concurrent trop entreprenant. Les gangsters étaient loin, parce que nul d'entre eux ne désirait se trouver confronté à la police de Vichy ou intercepté lors d'une ronde de la Wehrmacht.

Bien sûr des stocks d'armes devaient être cachés dans les caves des vieilles bâtisses du Panier ou de la rue Caisserie ; il ne devait pas y en avoir plus ici qu'ailleurs.

L'obsession du guet-apens, la hantise de la clandestinité finirent par amener les Allemands à débarrasser ces lieux si pittoresques de leurs habitants et la meilleure manière fut de les chasser en les privant d'un toit. Marseille perdit là un peu de son âme, la ville fut amputée d'un ensemble un peu sordide mais typique et somme toute charmant.

Aimerait-on Gênes aujourd'hui si on avait fait table rase, comme à Marseille, de ces îlots témoins du passé ? Comment jouirait-on de Naples si l'on avait fait une croix sur ces quartiers pleins de couleur locale ? Car les vieux quartiers de Marseille, illustrés par tant de films, possédaient un réel attrait. La population, composée de familles de pêcheurs, de tribus de marins, de retraités, se mélangeait dans une connivence de bon aloi avec les "cagoles", les sous-maîtresses, les représentants des proxénètes qui surveillaient leur troupeau et les "maisons" - les "hôtels borgnes" comme on disait - les petits voyous, les nervis. On voyait dans ces ruelles de quelques mètres de large des ménagères bien rangées, des flopées d'enfants rieurs et chahuteurs, des "filles" outrageusement fardées avec la jupe de satin noir, les bas "résille", le corsage échancré de couleur vive qui fumaient sur le pas des portes, l'oeillet sur l'oreille, le peigne espagnol planté dans la tignasse, ou les cheveux plaqués à la brillantine pour imiter Joséphine Baker.

Les "maquereaux" en costume clair, souliers étincelants, cravate chamarrée, bague au doigt, gourmette au poignet, mâchoires aurifiées, prenaient des airs de conspirateurs sous leur "Borsalino" de feutre beige. Les poissonnières, banaste sur la hanche, vendaient la pêche des maris ou des fils en vantant à haute voix leur marchandise.

"Qu'il est beau mon poisson ! Venez voir mes loups ou mes sards ! Regardez, ils bougent encore, achetez mes "fioupelans" (sorte de crabes velus) "c'est bon pour le goût..."

Le curé des Accoules, soutane verdie, cheminait au beau milieu, caressait la tête des enfants qui auraient dû fréquenter le catéchisme, baissait pudiquement les yeux devant les seins abondants émergeant des soutiens-gorge ou ballottant sous les blouses transparentes, ignorait les jupes relevées qui laissaient voir le haut des cuisses et les jarretières noires ou rouges piquées d'une fleur en tissu.

Tout le monde se connaissait, l'atmosphère était bon enfant. Les façades colorées des maisons de deux ou trois étages, encadrant la Mairie, chantaient sous le soleil. Les toits de tuiles marseillaises dorées par la patine les coiffaient en inégales hauteurs.

Le quartier sentait fort, mais il y avait des odeurs plus désagréables : le contenu des pots de chambre lancé la nuit du haut d'une fenêtre, le pipi de chat, les vomissures des marins soûls ; d'autres plus nobles : parfum de l'anis qui flottait à la terrasse des bars, effluves iodés des fruits de mer, délices de l'ail et de la cuisine provençale, bouffées émanant des poissons qui gisaient sur leur lit d'algues, violente agression des eaux de Cologne dont les "filles" s'inondaient, subtiles exhalaisons du patchouli ou de la violette.

La sonorité ambiante ajoutait au décor : coups de gueule des hommes avec cet accent chantant spécial à Marseille, criailleries des femmes, commères qui se parlaient d'une maison à l'autre, qui gourmandaient les gosses dans la rue, qui avaient toujours l'air d'invectiver, le ton aigu de la conversation, apparemment coléreux, les gens qui se lançaient des phrases en patois, les appels des marchands ambulants : "*A l'aigo sau lei limaçoun n'i a de gros i de pitchoun* ![3]", les rempailleurs de chaises (généralement des gitans). Les rémouleurs avec leur voiture cahotante sur les pavés, leur air tragique et la batterie de couteaux menaçants, hurlaient tous azimuts pour obtenir des tranchants à aiguiser, tandis qu'on voyait l'eau qui s'égouttait sur la meule sortir d'un vieux bock à lavement privé de son tuyau, que les enfants s'attroupaient en essaim piailleur.

Je suis de ceux qui regrettent cette atmosphère extravertie, sympathique, bruyante, haute en couleur. Je ne puis me résigner à considérer comme un progrès, après le massacre, la construction d'immeubles de substitution froids, sans joliesse, rectilignes, bétonnés, monotones.

On pourrait épiloguer sur la précarité des logements de ces Marseillais qui paraissaient cependant enchantés par l'hygiène et le confort

---

3. "A l'eau salée les limaçons, il y en a des gros et des petits".

acquis ; je préfère ne pas y songer. Ai-je tort de réagir en poète ? Je suis amoureux du passé, de la vétusté de l'objet, je trouve que le vieillissement donne une dignité aux pierres, aux toits, aux murs... On ne se refait pas !

XIII

La gastronomie

Quand on évoque les plats marseillais, on ne peut parler de "grande cuisine". Rien à voir avec les onctuosités de la table normande ni avec les gourmandises lyonnaises où les plats délicats : la poularde demi-deuil, le poulet au vinaigre, les quenelles côtoient les nourritures roboratives mais combien succulentes, comme les pieds de cochon, le tablier de sapeur ou la ribambelle des pâtés et des chauds-froids.

Pas de comparaison quant à la subtilité avec le beurre blanc nantais ou les confits du Gers, les préparations à base de truffes du côté de Périgueux ou les foies gras landais.

On observera que, de régionales, certaines spécialités sont passées au rang de recettes nationales, symboles de la cuisine française : c'est le cas de la sole normande, du brochet au beurre blanc, du foie gras aux raisins servi chaud, des magrets de canard au poivre vert, des soufflés et quenelles, des gratins à la crème.

Certaines provinces marquent de leur label des mets issus du terroir : le cassoulet toulousain, la choucroute de Strasbourg, le gratin de queues d'écrevisses de Nantua, mais ne bénéficient pas d'une promotion hexagonale, encore qu'ils aient été copiés par toutes les brasseries et bistrots. Seule, la bouillabaisse a dépassé les limites du département, encore faut-il remarquer qu'il est presque impossible de manger une bonne bouillabaisse loin des rives de la Méditerranée. La cuisine marseillaise comme la niçoise - se sont vues cantonnées dans le Sud-Est. Essayez de déguster un stockfisch, délicieux ragoût de morue marinée dans les aromates et accompagnée d'olives noires, en dehors de Nice.

Ajoutons aussitôt qu'une grande région gastronomique doit comporter l'accompagnement indispensable de vins prestigieux, il en est ainsi dans le Bordelais et en Bourgogne, autour de Lyon avec les admirables vignobles de Tain l'Hermitage, les "Alsace" secs mais capiteux, les vins du Rhin français, les nectars du pays de Loire.

En Provence, absence de crus dignes de ce nom. Certes, les châteauneuf-du-pape se laissent boire, les vins blancs de Cassis ne sont pas négligeables, toute la gamme des rosés et des rouges du Var mérite une mention. Breuvages agréables, servis frais ils se boivent comme de l'eau par temps de chaleur, mais ne vieillissent pas, ils n'ont ni corps, ni parfum, ni bouquet de grand style. On peut les apprécier en mangeant, mais ils ne tiennent pas le coup sans le support de la nourriture.

Ce jugement sévère n'exclut pas pour autant que tout Marseillais aime la cuisine locale, et que bien des spécialités sont savoureuses. L'alchimie culinaire à Marseille tourne autour de trois éléments : l'huile, les tomates, les aromates. Avec ce trio de base, on accommode les poissons et les viandes. Les bons plats, chez nous, demandent lenteur et élaboration. Il est rare qu'une recette ne sacrifie pas à l'étouffée, au braisé, au mijoté. Hors la bouillabaisse, dont nous traiterons à part, on peut vanter quelques trouvailles.

La daube, il s'agit d'une pièce de boeuf longuement macérée dans du vin rouge, de l'huile, de l'ail, des carottes, du thym, du laurier et un zeste d'orange. Après vingt-quatre heures de marinade, lorsque tous les composants sont bien imprégnés, on les verse tels quels dans une casserole ou une cocotte et on laisse mijoter à feu doux après avoir modérément salé et poivré. Tout dépend du temps de cuisson et des précautions prises pour que cet amalgame odorant ne soit jamais maltraité à feu vif. Présentée avec un plat de pâtes qu'on arrose du jus, c'est succulent, et c'est encore meilleur réchauffé.

La "ratatouille" (ou "jambalaya", comme on disait chez ma mère) demande aussi des heures pour sa confection. Les poivrons, les tomates, les aubergines, les oignons rissolent longuement et à part dans des poêles emplies d'huile.

Lorsque les légumes ont atteint une belle couleur rousse, on les mélange et on laisse réduire jusqu'à ce que l'amalgame devienne fondant avec la consistance d'une purée dans laquelle, cependant, on doit reconnaître les morceaux de chaque légume. La ratatouille froide est incontestablement supérieure à la chaude.

Les artichauts "à la barigoule" sont très difficiles à réussir : les coeurs d'artichauts débarrassés de leur "foin" et de toute feuille trop résistante, sont frottés au jus de citron, ils sont ensuite placés dans une cocotte avec de l'huile, des petits lardons (pas indispensables), des aromates divers à base de thym et de laurier. Là encore, tout est dans "le tour de main". Il faut parvenir à la prouesse d'obtenir des coeurs d'artichauts confits, tendres sous la dent, ayant absorbé l'essentiel de la sauce.

Toute la gamme des "farcis" est délicieuse : courgettes, oignons, tomates, choux. Les courgettes doivent être légèrement frites ainsi que les oignons, les tomates cuites toujours dans l'huile. La farce est affaire d'imagination, autant de cuisinières, autant de recettes différentes. Toujours de la mie de pain trempée dans du lait, des oignons hachés fin, du persil, une pointe d'ail, quelquefois la chair de tomates, et des rognures de jambon, d'autres ajoutent de la panure ou introduisent quelque nouveauté.

Lorsque la farce, cuite à part, est dorée, on emplit chaque légume préalablement creusé et on glisse au four. Pour les choux, on entoure la farce de feuilles successives, blanchies, jusqu'à former une sorte de paquet. Ces farces sont encore plus délectables froides, surtout les courgettes.

D'autres préparations sont à signaler : les sardines aux épinards, le thon "à la chartreuse", la soupe au pistou (basilic) où il faut employer impérativement trois sortes de haricots : les rouges, les blancs et les verts, certains fromages : gruyère, parmesan, hollande sec. Une place de choix doit être attribuée aux "pieds et paquets", qui sont à base de pieds de mouton et de morceaux de tripes farcis au préalable et ficelés. Le tout est mis à mijoter durant des heures avec l'inévitable trilogie : tomates réduites, oignons jusqu'à disparaître, huile, et baigne dans une sauce abondante brun foncé, très fortement aromatisée ; ce régal se mange avec des pommes de terre bouillies.

Les poissons "du Golfe", comme on se plaît à le dire à Marseille, constituent bien sûr des denrées exquises, grillés ou au four, froids avec une rémoulade ou frits. La saveur ne relève pas de leur apprêt, mais de leur fraîcheur et de leur espèce. Le loup, la daurade ou le rouget tiennent le haut du pavé (ou du panier), chacun possède son goût particulier, aussi est-il souhaitable qu'il soit aussi peu "trafiqué" que possible.

En ce qui me concerne je préfère, et de loin, le loup simplement posé sur le gril (feu de sarments si possible) avec des brins de fenouil glissés dans des entailles pratiquées au couteau dans la chair crue. Les restaurants se croient obligés de faire flamber les loups avec de l'alcool parfumé au pastis. C'est une hérésie, la peau se calcine, la chair, au lieu de rester onctueuse, se durcit et les vapeurs mélangées d'alcool et d'anis gâchent l'arôme sui generis. Il n'y a pas de miracle : pour déguster un bon loup ou une daurade ou un rouget de roche, l'excellence tient à la saison ou au lieu de la pêche, car il y a une saison pour les loups, une autre pour les daurades, et les rougets doivent être pêchés près du rivage dans les criques et anses au milieu des algues et des rochers.

En dehors des rois, d'autre poissons ont leurs amateurs : le sard, le pagre, le pageot, la rascasse, le saint-pierre.

Pour ne pas quitter les produits de la mer, il faut vanter les mérites de la soupe de poisson. La soupe "à la marseillaise" n'est bonne que si elle utilise uniquement des poissons "sortis de l'eau", la fraîcheur est élément déterminant. Les poissons nécessaires pour réussir une soupe doivent être de petits modèles : girelles, gobies, roucaous, petits grondins, verdaous. Ce fretin qui bouge encore est lavé à grande eau et nettoyé sommairement. On fait ensuite revenir le tout dans une cocotte dont le fond est garni d'huile, on y ajoute des tomates, une gousse d'ail, du laurier, du thym et des oignons émincés. Quand le contenu du récipient forme une sorte de pâte, on la passe au chinois afin de broyer arêtes, têtes et écailles. Il en sort un jus qui sent la mer, on y ajoute une pincée de safran, on fait chauffer encore un peu, et on sert soit avec des macaronis soit avec des croûtons frottés d'ail. Certains ajoutent du fromage râpé, je n'en suis point partisan. Il est maintenant à la mode de préparer de la "rouille" (mayonnaise fortement aillée et pimentée) qui, étendue sur les croûtons et mélangée à la soupe, la relève et l'épice.

Je considère, en traditionaliste que je suis, que la meilleure soupe doit se déguster sans rouille et sans fromage râpé. Les soupes les plus réussies sont celles qu'on déguste chez les pêcheurs ou sur leurs bateaux, confectionnées immédiatement avec le produit de la pêche.

La bouillabaisse est parmi toutes les spécialités marseillaises la plus cotée, mais aussi la plus galvaudée. Des restaurateurs vous "piègent" avec des bouillabaisses en boîtes ou des préparations faites longtemps à l'avance, réchauffées, additionnées d'eau pour que le bouillon soit plus abondant, mais ces "trucs" sont bons pour des touristes ignares ou des non-gourmets.

Le secret de la bouillabaisse réside dans le choix des poissons, et là encore de leur fraîcheur.

Au demeurant, rien n'est plus facile que de réussir une bouillabaisse si on dispose de rascasse (indispensable), de fielas, de poissons blancs ordinaires tel le saint-pierre. Les crabes et les moules ne font rien à l'affaire et la langouste est une idée de chef qui veut "corser" l'addition.

Bouillabaisse signifie "bouillir, baisser, bouillir". Dans une grande marmite, on plonge les poissons dans de l'eau salée, dosée suivant leur quantité et dans laquelle on incorpore de l'huile, des oignons, des branches de fenouil, de l'ail, du laurier, des grains de poivre et du safran. On porte à ébullition ce bouillon, puis on le laisse retomber, c'est "la baisse" puis on recommence l'opération. On sert les poissons entiers sur un plat. Dans une soupière, on verse le bouillon dans lequel on a placé de larges tranches de pain. Dans l'assiette à soupe, on déguste à la cuillère pendant que, dans une autre assiette, on s'occupe du poisson en trempant des morceaux dans le liquide. Là encore la rouille est de trop comme le sont la langouste, les moules et autres.

Je reviens sur l'aïoli, déjà évoqué comme plat de circonstance pour le vendredi du Sacré-Coeur. Cette spécialité célèbre ne peut plaire que si "l'aïoli", c'est-à-dire l'accompagnement, est réussi. Les divers composants qui servent de faire-valoir à la sauce sont en eux-mêmes insipides et sans intérêt. Les denrées, simplement bouillies, doivent correspondre à une sélection rigoureuse. Il faut s'en tenir aux seuls plats maigres que la tradition impose. Quels sont-ils ? Les pommes de terre, les courgettes, les carottes, les haricots verts, la morue, les escargots, les oeufs durs.

Quant à l'aïoli lui-même, il s'agit d'une sorte de mayonnaise fortement aillée (gousses pilées). L'art subtil consiste à ne pas mettre trop d'ail, mais à en mettre suffisamment pour parvenir à une onctuosité parfaite et exalter un goût parfumé sans excès. Il suffit de manger chaque bouchée des plats avec un peu d'aïoli.

Parmi les fruits de mer souvent d'importation : huîtres, claires, praires, deux espèces sont typiquement marseillaises, les oursins et les violets. La saison des oursins s'étend sur les mois en "r". Les oursins de Carry-le-Rouet notamment n'ont pas de rivaux ; quant aux gros oursins bretons, ils sont d'élevage. L'oursin provençal lui est sauvage. Le violet est un tubercule sous-marin qu'on incise par le milieu, à l'intérieur duquel se trouve une sorte de mollusque à consistance d'huître qu'on extrait avec le pouce, et qui a un parfum prononcé d'iode.

Un des hauts lieux de la cuisine provençale était le restaurant de Monsieur Brun sur le Vieux-Port. La femme et le fils de Brun ont perpétué l'oeuvre du père mais le maître de céans me paraît irremplaçable.

Monsieur Brun, félibre ami de Maurras, lui apportait chaque semaine une bouillabaisse en prison. Dans son établissement, il célébrait une véritable cérémonie.

L'homme était pittoresque, il s'habillait comme les Provençaux des groupes folkloriques : pantalon de basin gris, veste de velours noir gansée sur les bords, chemise blanche et large lavallière noire ou à pois.

Il recevait son monde, jamais plus de trois tables au premier étage d'un vieil immeuble de Marseille à côté de la Criée. Des fenêtres, on voyait le plan d'eau avec les bateaux, la Mairie en face, le clocher des Accoules et l'Hôtel-Dieu. Une grande pièce aux murs blanchis à la chaux se voulait typiquement provençale sous des grosses poutres qui soutenaient le plafond, avec des meubles anciens, la panetière, le pétrin, une grande armoire arlésienne de mariage, une table à gibier, dans un coin un petit harmonium. L'hôte s'asseyait devant l'instrument dès la fin du dîner et entonnait les chants provençaux. Il terminait par "Coupo santo" qui est "La Marseillaise" des gens du Midi.

Le menu était identique d'un bout de l'année à l'autre, seul variait le plat de viande : perdreau à la saison de la chasse, pintadeau ou poulet le reste de l'année. Le repas comportait cinq services : les hors-d'oeuvre, le poisson, la viande, les fromages et les desserts.

Monsieur Brun refusait tout apéritif - boisson de charretier, disait-il - alcool qui troublait les esprits et gâchait le palais. Il ne tolérait pas non plus qu'on fumât durant les repas et critiquait même la cigarette après le dîner.

Telle une abeille butinante, Brun s'occupait sans cesse des convives, commentant, expliquant, ou rabrouant celui ou celle qui ne se pliait pas au cérémonial. Chez Brun, il n'était pas question de protester, de demander une autre spécialité, de refuser ou de changer l'ordonnance sacrée du rite. Il n'y avait pas de carte, Brun n'interrogeait personne sur ses goûts ou son appétit. Ceux qui venaient chez lui devaient être initiés ou s'être renseignés. Donc, aucune bavure, aucune fantaisie.

Les hors-d'oeuvre se composaient de quelques délices provençaux mais chacun d'eux ne formait qu'une bouchée : la tapenade, olives noires pressées en purée étendue sur les petits carrés de pain de mie imprégnés d'huile d'olive (Brun recommandait de boire une gorgée de cassis blanc quand le petit toast était encore sur la langue, il prétendait que le nectar cassidain accompagnait si bien le caviar d'olives qu'on pouvait s'imaginer manger du vrai caviar,ou les plus succulentes huîtres).

Après la tapenade, on avait droit à de l'huile d'olive vierge des Alpilles congelée dont on tartinait un morceau de pain ; suivaient deux rondelles de saucisson d'Arles, une portion de daube en gelée et une cuillerée de pourprions (petits poulpes) en sauce. Les poissons, toujours nobles (loups, daurades, sards, suivant la saison et la pêche) n'étaient ni vidés ni écaillés ni assaisonnés, ils étaient simplement mis dans leur état naturel sur un gril et présentés au client une fois cuits. Aucune sauce ne les agrémentait.

Je dois reconnaître que la préparation chez Brun tenait du miracle. Le poisson, sans aucun apprêt, sans sel sinon celui de son élément, sans poivre, sans fenouil, sans aromate quelconque, conservait son goût de mer.

Les viandes étaient plus banales, le perdreau rôti ou la volaille faisaient cependant l'objet, comme les poissons, de la seule cuisson. Il n'y avait pas de garniture. Les plateaux de fromages ne comportaient que des produits du terroir provençal, chèvre de Banon ou fromage de brebis en provenance des Hautes-Alpes.

La liste des desserts recoupait, avec quelques ajouts ou retraits, celle des fameux "treize desserts" de Noël, et pour l'essentiel : les quatre mendiants, noix, amandes, noisettes, figues sèches (la couleur brune ou ocre de ces fruits a suggéré leur appellation. Il s'agissait des ordres mendiants de l'époque, dont les habits réguliers se rapprochaient par leur couleur de la teinte des fruits).

Une autre confiserie traditionnelle figurait parmi les treize desserts, les "pistoles", abricots séchés et confits, suivaient le nougat blanc et le nougat noir, les calissons d'Aix (qui ne sont pas répertoriés dans la liste des treize desserts), les raisins de Corinthe, le raisin blanc muscat, la pompe de Noël, sorte de gâteau en forme de roue composée de farine, d'huile et d'eau additionnée de fleur d'oranger.

Brun avait écrit en deux langues - provençal et français - un livre à la gloire de la cuisine telle qu'il la concevait : "Gromandugi". Cet ouvrage illustré de bois de Joux, superbement imprimé sur beau papier, avait été édité par les "Bibliophiles de Provence".

Le restaurant Brun, aujourd'hui encore, mérite une visite. L'onction du père a fait place à l'arrogance un peu désinvolte du fils (nommé Frédéric comme Mistral), qui se croit investi d'une mission, mais ce qu'on supportait du père, irrite chez l'héritier. La veuve Brun est bien effacée, elle vaque aux fourneaux et vient dans la salle pour solenniser le dîner par l'évocation de son défunt mari et rappeler ses ukases.

En revanche, les recettes ont été respectées et le repas est strictement le même que du temps de "Maître Brun".

Ce provençal bon teint, aficionado convaincu, ne pouvait mourir qu'en se rendant à une course de taureaux. C'est ce qui lui arriva lors d'un accident de voiture sur une route d'Espagne.

XIV

Les ports

Les "Pagnolades" cachent trop souvent aux Français et aux étrangers la réalité de Marseille, mégalopole du commerce et un des premiers ports du monde.

Pour Pagnol, les ports se résument au Vieux-Port, crique, darse, calanque. Chez lui, les bateaux rapetissent au point que le navire amiral de la flotte marseillaise semble être le ferry-boat, sorte de patache aquatique qui ressemblait aux vieux "vaporetti" de Venise, qui traverse le Vieux Port à hauteur de la Mairie parcourant ainsi une navigation de quelque trois cents mètres.

Quant au bateau, rêve de Marius, il s'agit d'une de ces anciennes balancelles qu'on apercevait encore dans les années trente, et qui servaient au transport des oranges d'Espagne.

J'admire le talent de Pagnol, surtout quand il raconte ses souvenirs d'enfant : "Le château de ma mère", "La gloire de mon père", mais je ne puis m'empêcher d'avoir une dent contre lui.

Ayant longtemps parcouru l'Europe et les Etats-Unis pour raisons professionnelles, j'ai toujours souffert de la marque indélébile collée à cause de lui sur le Marseillais. Je me souviens d'un dialogue cent fois répété :

- Vous êtes français ?
- Oui.
- De Paris, bien sûr ?
- Non, de Marseille.

Suivait un éclat de rire, ou un sourire un peu méprisant, et l'interlocuteur d'évoquer la Canebière en se gaussant ; Marseille vu à travers le "tiercé" fameux : Marius, César, Fanny. Allez, après une telle entrée en matière, tenter de prétendre au sérieux !

Le costume strict, le mince ruban rouge au revers du veston, l'absence d'accent, une certaine gravité de bon aloi ne faisaient rien à l'affaire. Vous étiez un blagueur, un "jobastre", vous exagériez, vous racontiez des galéjades.

J'avais toutes les peines du monde pour effacer cette image, et pour qu'on me considère comme un homme d'affaires à part entière, digne de confiance.

N'exagérons rien, ce n'était souvent que réaction spontanée de la part de brèves relations et de connaissances rencontrées au hasard des congrès.

Il n'en reste pas moins que ce masque du Marseillais révélé par les pièces de notre trop célèbre compatriote, tenait souvent lieu de visage, et que la première impression demeurait souvent difficile à effacer.

Marseille est cependant une grande cité active, laborieuse, on y travaille autant sinon plus qu'ailleurs. On y est moins sollicité qu'à Paris par le rythme des réunions, des comités, des syndicats, d'associations, de fédérations regroupant l'ensemble de chaque profession au centre lumineux de tout, car en dépit de l'utopie de la décentralisation, Paris est bien le phare, le noeud, l'étoile dont partent toutes les branches - y compris les lignes de chemins de fer. Chez nous, on est moins absorbé par les déplacements et leur longueur, ainsi que par une vie mondaine intégrée à celle des affaires.

La puissance et l'importance de la cité méditerranéenne prennent leur source dans sa qualité de grand port.

Marseille n'a pas à rougir de la comparaison avec Anvers, Rotterdam ou Hambourg, elle précède Gênes ou Naples, elle dépasse Barcelone.

Le golfe s'établit en rade abritée, profonde, protégée par les îles. Les quais s'étendent sur plus de vingt-huit kilomètres du Vieux Port jusqu'à l'Estaque. Les bassins, chacun destiné à un trafic particulier, sont admirablement équipés par des batteries de grues et d'engins de levage à la pointe du progrès. Chaque bassin est entouré de vastes aires pour le chargement, le déchargement et la manutention. Ils comportent des hangars immenses surveillés et adaptés à chaque type de marchandises ; des "suçeuses" et des tapis roulants permettent la saisie du vrac en un temps record et l'acheminement des grains ou graines de toutes sortes vers les usines ou les silos. Les docks, de proportions considérables, jouxtent l'enceinte portuaire. Les liquides sont eux aussi aspirés par des systèmes de pompes ultra perfectionnés pour être ensuite conduits dans des parcs de stockage où s'alignent des centaines de cuves et de réservoirs.

Quand on parcourt le port, on passe du quai aux cotons, à celui des huiles de palme, du divers, des fruits et légumes (quai des agrumes), du matériel lourd, des produits coloniaux (même appellation sans colonies) : café, cacao, arachides, coprah. Ici, on stocke des matières premières pour la minoterie, là on entrepose les bananes dans des locaux réfrigérés.

L'énumération affinée serait fastidieuse, il importe de savoir que toute faculté (comme disent les assureurs maritimes) à destination ou au départ de Marseille trouve les moyens les plus adéquats pour être mis à bord des bateaux ou extrait des cales.

Une flottille de remorqueurs se tient à la disposition des navires pour les aider à l'accostage ou pour les déhaler et les convoyer jusqu'à la passe. De nos jours, beaucoup de bateaux ne sont plus assistés, un système idoine d'hélices latérales permet les évitages les plus difficiles.

Un corps de marins-pompiers avec les bateaux-pompes Pythéas et Alerte entre autres, créé après l'incendie des Nouvelles Galeries, comme nous l'avons signalé, peut parer à toute éventualité.

Une station de pilotage avec quelque quinze pilotines prend en charge les navires à l'entrée et à la sortie des ports.

Entre la grande jetée et les quais de la Joliette, d'Arenc, de Mourepiane, de l'Estaque, des ponts basculants ou roulants facilitent la navigation. Des murs pare-vents ont été dressés pour couper le mistral afin de protéger les unités de la flotte de commerce pendant leurs mouvements.

Les pavillons étrangers fleurissent à la poupe et claquent aux mâts. Tous les pays sont représentés. Enfin, Marseille possède une des plus grandes formes de radoub du monde pouvant "achorer" des navires de plus de 300 000 tonnes.

A côté de ce bassin géant, de nombreuses cales sèches sont à la disposition des armateurs qui désirent faire procéder à des réparations, des vérifications ou à l'entretien de leur parc. Un dock flottant double les capacités de chacun de ces "dry docks".

A proximité des formes de radoub, s'élèvent les établissements industriels de réparation navale parmi les plus performants de la planète.

Quel beau spectacle que celui offert par un tanker de 250 mètres de long, échoué sur les tins, au fond d'une forme profonde de 80 mètres. Le monstre, privé de son élément naturel - l'eau - gît, masse d'acier en contrebas. On peut admirer alors les proportions de la coque, les quilles de roulis, le bulbe de l'avant (invention récente pour économiser l'énergie de propulsion).

Le port tient lieu de plaque tournante où viennent aboutir tous les trafics, se terminer bien des voyages, escaler d'innombrables armements, point de départ de combien d'aventures maritimes !

Tout un peuple grouille dans cette enceinte portuaire, depuis les dockers, les manutentionnaires, les marins, les ouvriers mécaniciens, les préposés à l'avitaillement, les employés des chantiers, le petit personnel des acconiers et des transitaires. Les officiers et sous-officiers, les stewards, les commissaires, les contremaîtres, les chefs d'équipe constituent l'encadrement.

Au sommet de la hiérarchie, les grands patrons qui tirent les ficelles, accrochés à leurs télex et à leurs téléphones, à l'abri des boiseries lambrissées de leur bureau de la rue de la République, du boulevard des Dames, hier de la rue Beauvau, jouent avec les écrans de télévision et les terminaux dans les locaux modernes, aseptisés, de leur plus récente installation, tels les pontes de la médecine dans leurs salles d'examen, entourés d'aluminium, de cloisons en plexiglas et de surfaces neutres de couleur glacée.

Ce sont les armateurs ou les consignataires de navires, ceux-ci s'occupant des lignes étrangères, ceux-là des flottes françaises.

Bien sûr Marseille ne peut plus s'enorgueillir de la position privilégiée qui était la sienne à la fin du XIXème siècle avec les grandes Compagnies : les Messageries Maritimes, les Chargeurs Réunis, la Cie Générale Transatlantique. Les armements marseillais, jusque vers les années cinquante, prospérèrent dans l'indépendance de leurs capitaux sans liens avec d'autres grands armateurs français, maîtres incontestés de leur politique et de leur dynamisme. Leur direction et leur administration étaient concentrées à Marseille, port d'attache. Ces flottes étaient d'une importance notable : il s'agissait de la Compagnie de Navigation Fraissinet, de l'Armement Fabre, des Transports Maritimes à Vapeur, de la Compagnie Paquet, de la Compagnie de Navigation Mixte, seigneurs de haute lignée.

A leurs côtés, des armements marseillais de moindre envergure, l'U.I.M., Daher, Bérengier, Giannoni-Rastit qui devint la Compagnie Méridionale de Navigation, Marseille-Fret, Leborgne, Vincenzini, Rodrigues Ely, Fouquet, Sacop. Les "corps de navires" à couvrir ne manquaient pas aux assureurs maritimes marseillais avec le complément des auxiliaires de l'armement qui comprenaient la flotte de remorquage Chambon, La Provençale de remorquage, les unités de la Chambre de Commerce : pontons flottants, la grue "Goliath" (donnée à la France par les Allemands après 1914-1918 en tant que dommage de guerre), barges, maries-salopes ; les pilotines, les vedettes et chalands des Ateliers du groupe Terrin, les bateaux-pompes, les automoteurs de l'Auxiliaire Maritime de Port-de-Bouc, qui reliaient l'Etang de Berre à Marseille par le tunnel du Rove, maintenant détruit.

Marseille était port d'escale de prestigieux armements étrangers, managés par des maisons de courtage et consignation maritime. C'est ainsi que relâchaient à Marseille les paquebots de la Cunard, de la Peninsula & Orient Line, les tankers de la British Petroleum, les armements japonais, allemands, belges, hollandais, italiens, américains, russes. Marseille conserve de beaux restes : la S.N.C.M. (flotte Corse et Algérie-Tunisie), filiale en Méditerranée de la Compagnie Générale Maritime, la Compagnie Méridionale de Navigation, Marseille-Fret et, bien sûr, la plupart des flottes auxiliaires citées précédemment. Les flottes algérienne, tunisienne ou marocaine ont remplacé certains étrangers, la Zim (flotte israélienne) assure un trafic important entre Marseille et Tel Aviv. Des États se sont mis à l'armement comme l'Arabie Séoudite, certains émirats, la Nouvelle-Zélande, l'Indonésie, l'Inde, les deux Corées, Hong-Kong et la Chine communiste.

Autour des bateaux gravite tout un commerce de sous-traitants, un prolifique négoce maritime. Tels les membres de la cour du Bateau-roi qui s'empressent autour de lui et pour lui : les consignataires, les courtiers maritimes, les courtiers d'assurance maritime, les assureurs maritimes, les experts, les transitaires, les réparateurs, les avitailleurs, les shipchandlers, les entrepositaires, les propriétaires ou locataires de containers, de cuves, de silos, les exportateurs et importateurs, les entreprises de remorquage, celles de travaux sous-marins, les scaphandriers, etc.

De grands organismes battent la mesure de cette symphonie complexe : le Port Autonome, la Chambre de Commerce, le Comité des Assureurs maritimes de Marseille, le Syndicat marseillais de la Marine Marchande, les Syndicats des courtiers, des assureurs, la Chambre locale de la réparation navale.

Que serait Marseille sans son port ? Rien ou peu de chose. Pour être complet, il faut savoir que le domaine portuaire de Marseille s'étend jusqu'aux installations pétrolières de la Mède à côté de Martigues, aux Raffineries de Berre, à l'énorme entité industrielle de Fos-sur-mer terminus du gaz européen, terminus pétrolier, siège de la grosse métallurgie avec Solmer, point de convergence des navires porte-containers.

Tout ceci est considérable et fait vivre une ville entière, une région. Aussi, suis-je fâché quand cette belle aventure économique qui depuis les débuts de la navigation à vapeur jusqu'à nos jours n'a fait que perdurer, disparaît derrière un paravent comique, prétexte à une imagerie populaire et niaise où Marseille ne brille que de son soleil, ne tinte que de son accent, n'intéresse que par ses "histoires".

Phocée - puis Marseille - était prédestinée à une vocation maritime. Les Grecs ne s'y étaient pas trompés quand la nef de Pythéas aborda au sein de la calanque primitive.

Louis XIV et Colbert surent apprécier les "vertus" du littoral quand ils firent de Marseille un port de remise pour les galères, un point de ralliement des vaisseaux royaux, un accueil pour leurs réparations. Les arsenaux des galères, encore debout le long du Vieux Port, attestent de cette splendeur passée.

Plus tard, Marseille se hérissait des mâts des caravelles, des filins et cordages des balancelles, du pavois des voiles des brigantines. Puis les navires modernes à chaudières au charbon - au fuel ensuite - fréquentèrent notre port, toujours plus nombreux, plus exigeants, et leur assiduité présidait au développement progressif des installations.

Malgré la perte des colonies françaises d'Afrique du Nord, Marseille demeure un grand marché international et un lieu privilégié pour le transport mondial.

XV

Les grandes bastides

A l'opposé du Vieux Port, des lieux fréquentés par les marlous, loin de l'enchevêtrement oppressant des voies qu'on emprunte des deux côtés de la Canebière, autour de la place de la Bourse, à l'emplacement du quartier détruit, sur les pentes de l'Hôtel-Dieu, au Panier, sur la butte des Carmes, près des grands ports, s'étendait, dans mon adolescence, une banlieue chic qui englobait le Cabot, le Redon, Saint-Tronc, Sainte-Anne, Mazargues, Bonneveine, le début de la vallée de l'Huveaune avec Saint-Loup. C'était là que les notables marseillais possédaient leur maison de campagne ; on déménageait dès la fin des classes et on s'installait pour l'été jusqu'à la rentrée d'octobre. Ces transhumances qui faisaient parcourir quelques kilomètres ne revêtaient pas pour autant le caractère de simples déplacements. On assistait à de véritables exodes, on se comportait comme s'il s'agissait d'un exil sans retour.

Les voitures de déménagement, les camions des usines (pour l'économie), auparavant les grandes carrioles attelées de chevaux, bourrées à craquer de linge, d'ustensiles de cuisine, de bagages et d'impedimenta divers, s'ébranlaient pour gagner la Bastide. Quinze jours avant le départ, le branle-bas s'installait, on se déchaînait dans la maison de ville, on roulait les tapis dans les journaux, on disposait des housses sur les meubles, on enfermait les lustres dans des sacs de toile, on tendait de véritables linceuls sur les miroirs, on pliait les rideaux, on rangeait les bibelots dans les armoires, on emmaillotait l'argenterie dans des molletons. Les domestiques s'affairaient, les patronnes houspillaient leurs gens, tels des metteurs en scène avant la générale : on ne serait jamais prêts, on devait quitter la rue Saint-Jacques ou la rue Sylvabelle lundi en huit, on ne devait pas traîner, il fallait mettre les bouchées doubles. Résultat : on campait dans un appartement vide et sinistre, les cuisinières privées de leurs poêles, cocottes, casseroles, poissonnières, expédiaient des repas ascétiques sur un coin de fourneau avec les moyens du bord.

Tout ce monde arrivé à la campagne, le même charivari occupait encore une quinzaine. Le déballage, la mise en place des objets, les armoires à linge, les resserres pour les malles, les greniers pour le surplus : "*on emportait toujours trop*" disait ma mère, à qui cette réflexion ne servait pas de leçon. Autant de prétextes à l'agitation.

Tout finissait par rentrer dans l'ordre et la famille pouvait plonger dans le farniente et la touffeur. On crevait de chaleur sous les ombrages de ces bastides, les parcs trop feuillus ne laissaient pénétrer ni fraîcheur, ni aération. L'humidité sous les arbres, les bassins verdâtres, la proximité de l'Huveaune, favorisaient l'éclosion des moustiques qui nous envahissaient par nuées dès le soir tombant, au moment où les mouches diurnes vous laissaient enfin en paix.

Certaines de ces "casina" étaient belles, toutes manifestaient l'opulence des propriétaires. Je parle pour l'extérieur, les proportions, le style, car le confort intérieur laissait beaucoup à désirer.

Les campagnes marseillaises dont l'origine remontait aux XVIIème et XVIIIème siècles, voire le Directoire, se ressemblaient par la sobriété de leurs lignes et l'aspect rural de leur architecture. Massives et sans grand ornement, elles ne manquaient pas d'allure. Il s'agissait souvent de grands mas à deux étages sur rez-de-chaussée, coiffés de toits de tuiles qui se liaient aux murs par des effets de gênoise. En pierres, ces maisons - grâce au crépi - faisaient songer aux villas de la campagne romaine ou toscane. La découpe des ouvertures révélait l'époque de la construction : baies de plain-pied, légèrement cintrées et couronnées de moulures pour les folies élégantes du Grand Siècle, ou sous Louis XV : fenêtres étroites et carrées pour bastides plus rustiques qui sentaient encore la ferme ; délicates et finement ourlées de minces pilastres ou cordons en ronde-bosse pour les demeures Directoire.

Quelquefois, des frontons triangulaires empiétaient sur la surface des toitures en prolongement vers le haut de la façade, comme à Sainte-Anne ou au Château Borély. Des ailes, flanquées de rambardes en colonnettes portaient des terrasses supérieures, elles formaient avec le corps du bâtiment un U ; d'autres s'alignaient en prolongement de la partie centrale, mais plus basses pour alléger l'ensemble.

Un élément de décoration magnifiait à l'occasion le classicisme de la perspective : l'escalier ! Il était souvent à deux volées qui conduisaient à un rez-de-chaussée surélevé en convergeant vers une porte de milieu ou un porche plus solennel. Les mouvements de ces escaliers donnaient lieu à bien des variantes : marches en éventail s'évasant vers le bas, prenant assise sur le jardin et jalonnées de balustres : deux révolutions opposées, mais de face, volutes en corps de violon lovées sur elles-mêmes ou détendues en accolades.

Les trois plus remarquables maisons de campagne marseillaises étaient : le Château Borély, le Château de Sainte-Anne et "La Magalone". Le Château Borély est devenu un musée, le Château de Sainte-Anne appartient aux Jourdan-Barry ; au moment où j'écris il est malheureusement vendu, "La Magalone" est habitée par une famille noble. C'est sans nul doute le monument le plus raffiné, il s'apparente aux merveilleux hôtels aixois. Il tranche sur les autres parce qu'il sacrifie moins à l'aspect campagnard.

D'ailleurs, l'intérieur de "La Magalone" montre à l'évidence qu'il ne s'agit pas d'une résidence rustique. Les escaliers vis-à-vis qui partent du grand salon sont d'une rare élégance, les plafonds ouvragés, les stucs, les pilastres, les colonnes, les mille et un détails du plus pur XVIIIème siècle en soulignent la qualité digne des fastes du siècle du "Bien-Aimé" .

Sainte-Anne s'élève au-dessus d'un grand espace de parc traité à la française. Sa carrure est solide, simple, sans ornements. Le fronton triangulaire affine le côté "mas" qui se dégage de l'ensemble. Des terrasses à balustres entourent la maison, l'arrière du château forme une cour intérieure entre les communs plus bas.

Raymond Jourdan-Barry, prestigieux amateur d'art, avait amassé un ameublement exceptionnel qui avait le mérite d'être de la même époque que la propriété. Il avait voulu cependant souligner l'ambiance méridionale grâce à une collection de tableaux de grande facture de l'Ecole provençale du XIXème siècle, spécialement d'admirables Guigou. Son goût pour les faiences de Marseille, (autre marotte) lui avait fait réunir des pièces de classe.

Le Château Borély étant devenu musée depuis des décennies, j'ignore comment il était agencé du temps où il servait de résidence à Borély bey.

La fin du XIXème siècle, période des conquêtes coloniales, du percement du canal de Suez, vit l'épanouissement commercial de Marseille. La ville devint "la porte de l'Orient". Les armateurs, les négociants, les industriels, enrichis par les affaires et confiants dans la pérennité de leur fortune, firent construire à leur tour de somptueuses villas au milieu des jardins.

Dans ma jeunesse, on voisinait beaucoup et il m'a été donné d'accompagner ma mère et mes tantes chez nos relations et amis dans ce quartier du Cabot, Mazargues, Saint-Tronc pour des goûters ou des thés servis sur les terrasses ombragées de platanes, ou dans des petits pavillons nichés au milieu des parcs. Certains empruntaient à l'Extrême-Orient leur faux-air de pagode, d'autres rappelaient la Savoie ou la Suisse avec leur apparence de chalet. Chez nous, près du lac (qui n'était qu'un grand bassin), on avait trouvé - caprice du précédent propriétaire - ce que nous appelions "la petite maison". C'était une sorte de chaumière de théâtre avec un mélange abracadabrant de fenêtres Renaissance, d'ajouts gothiques, le tout surmonté d'un toit genre ardoises, d'où émergeaient d'énormes cheminées qui écrasaient la maisonnette, cheminées qui semblaient venir tout droit d'Amboise ou de Chenonceaux.

Ces vastes villas rivalisaient de laideur, mais d'une laideur qu'on regrette aujourd'hui. C'était laid, mais cossu, le matériau était noble, les perrons, les marquises, les jardins d'hiver, les vérandas, les balcons de bois ou de pierre contournés, un rien "tape-à-l'oeil", signifiaient fantaisie et abondance. On finissait par apprécier cet étalage sympathique dont le but était de prôner l'aisance et la réussite. L'ostentation même était gommée par le charme des jardins, des arbres splendides, des parterres de fleurs.

Comme il est loin le temps de cette bourgeoisie triomphante. A une ou deux exceptions près, ces propriétés sont devenues des hôpitaux, des cliniques ou des immeubles de rapport (terrain vendu, villa rasée et promoteur en action). Seules ont résisté les communautés religieuses.

Notre campagne, les "Charmerettes", acquise dès les années trente, après la mort de mon grand-père en 1927, par le consulat suisse de Marseille, abrite un foyer de retraités pour les citoyens helvétiques, elle constitue en même temps un lieu de rendez-vous et de réunions pour la colonie suisse. On y célèbre la fête nationale.

Ma mère et mes tantes, dès que leur père eut disparu, s'entendirent pour considérer qu'elles "le revoyaient" partout et que c'était intolérable. Elles découvrirent en même temps qu'il régnait aux Charmerettes une chaleur atroce et que l'on y était dévoré par les moustiques. Elles "bradèrent" aussitôt les sept hectares et s'empressèrent d'abandonner cette ravissante propriété pour acquérir, chacune, des résidences secondaires au bord de la mer. C'est vrai que l'air marin, même en plein été, détendait l'atmosphère, et que les moustiques se firent plus rares. Nous, les enfants, nous regrettions nos randonnées en bicyclette le long des allées, la visite aux gens de la ferme, l'impression de campagne, mais nous nous réjouissions de pouvoir nous baigner et profiter des plaisirs nautiques : périssoire, canoë canadien (une amélioration), pêche sur le rivage, quête des arapèdes sur les rochers, parties de bateaux avec les grandes personnes pour quelque pique-nique en mer, sous la tente d'une barque à moteur, avec un mât qui portait le doux nom de "Tosca II".

Epilogue

Marseille est mal aimée parce que mal connue. Puissent ces pages donner aux éventuels lecteurs le goût d'y venir et d'y séjourner suffisamment pour la comprendre et l'apprécier.

Marseille, ville de contrastes et de passions, est une cité paradoxale. Sa superficie - quatre fois celle de Paris - lui donne le rang de plus grande ville de France, son port est le premier de l'hexagone et un des plus importants du monde.

Sa population cosmopolite, méditerranéenne en diable, les Maghrébins y compris (il serait dommage qu'ils ne s'intègrent pas) dégage une ambiance italienne, orientale, très Sud, une joie de vivre, une gentillesse, un humour particuliers.

Son site l'égale aux plus splendides rades du monde, elle dépasse Naples en beauté, elle est d'appartenance hellénique.

Les rochers blancs aux ombres violettes, avec les quelques bouquets de pins et les plaques de lichen vert, dominent la cité dans un arc de cercle parfait, la corde de l'arc étant la mer. Des îles barrent le golfe dans son milieu comme d'énormes cétacés.

Le microclimat installe un soleil quasi permanent, le mistral balaie nuages et fumées. Les coins pittoresques ne manquent pas, et vous transportent à des milliers de kilomètres. Le Vallon des Auffes imite un Santa Lucia moins frelaté, les Goudes au pied de la barrière rocheuse, l'imposant massif de Marseilleveyre, vous emportent en rêve vers des villages perdus, secs, osseux, où seule la présence d'une eau de bitume apaise la réverbération incandescente de la montagne proche, comme on en découvre dans les régions les plus reculées des Pouilles, dans le Sud espagnol ou l'Algarve portugais. La Corniche est promenade de rois !

Le centre coloré, odorant, se pelotonne autour du Vieux Port, cette calanque sacrée dominée par ses sanctuaires.

La Vierge de la Garde élève au sommet, sur un éperon, son église en forme de bateau et exalte la statue dorée de la Madone.

Les ports installent le modernisme, les banlieues innombrables se prélassent de jardins en jardins, de cabanons en cabanons, de ruelles entre leurs murs de pierres sèches d'où sourdent le jaillissement d'un palmier, la silhouette tordue-d'un pin, des places ombreuses sous les grands platanes séculaires.

Les gens travaillent ils ne font même que cela ! Les bourgeois se cachent et s'enferment, ils ne se livrent pas à l'épate, leurs intérieurs leur permettent en revanche d'épater les autres. Et le "bon peuple" s'égaille, braille, court, s'agite, se lance des défis, exagère, tonitrue, raconte des blagues, mais au fond gît une gravité provençale, un sérieux antique qui tient aux origines car, nouveau titre de gloire, Marseille est une des plus vénérables cités occidentales.

Le Marseillais a un passé prestigieux, mais ne le respecte pas, il faut toujours innover, créer, prendre le vent. Le Marseillais est un voyageur qui s'ignore (même les plus sédentaires donnent le spectacle du monde), il fait du théâtre, rien ne le surprend, rien ne l'étonne, il se lance dans les rames de métro comme s'il avait toujours existé, aucun complexe, aucun regret ! N'est-il pas descendant des Grecs venus de leur Acropole ? N'a-t-il pas été romain avec les Romains, si peu gaulois, pas même ligure, n'est-il pas entré de plain-pied dans la civilisation du progrès ?

Il rouspète, il "rouscaille" (expression bien de chez nous) mais c'est pour rire, pour rire jaune, car il n'en pense pas moins.

Touristes, ne vous détournez plus de nos rivages enchantés, croyez-moi : ne tournez pas si vite vers la Côte d'Azur, délaissez l'Ouest (Arles et la Camargue), l'Est (la Riviera) pour foncer après trente malheureux kilomètres vers notre Lacydon.

Vous ne le regretterez pas !

Table des matières

Préface
Le rendez-vous des amis 7

I. Les odeurs 17
II. Le climat 27
III. Le Vieux Port 35
IV. La Canebière 49
V. La Corniche 65
VI. Le Prado 73
VII. Le centre ville 79
VIII. Marseille isolée 89
IX. Les fêtes traditionnelles... 99
X. La langue populaire et les anecdotes... 109
XI. La société 117
XII. Le milieu marseillais 127
XIII. La gastronomie 139
XIV. Les ports 151
XV. Les grandes bastides 161

Épilogue 169

MISE EN PAGES FOURNIE

Achevé d'imprimer par Corlet, Imprimeur, S.A. - 14110 Condé-sur-Noireau (France)
N° d'Imprimeur : 3968 - Dépôt légal : avril 1994 - *Imprimé en C.E.E.*